마음공부
명심보감

마음공부
명심보감

박재희 지음

열림원

선업善業으로 살다 가신 부모님께 올립니다.

차례

제1장 · 내 마음을 다스리는 한마디

좌우명 座右銘 | 앉은 자리 오른쪽에 걸어놓는 삶의 이정표   11
자신감 自信感 | 남이 나를 믿게 하는 힘   21
경계 警戒 | 인생에서 경계해야 할 세 가지   28
음식 飮食 | 담박한 음식과 편안한 꿈자리   34
음주 飮酒 | 약과 독, 두 얼굴의 술   40
판단 判斷 | 욕심과 명예로부터 자유로워질 때 가능한 일   51
반성 反省 | 춘풍추상, 남에게 관대하고 나에게는 엄격하게   56
겸손 謙遜 | 나를 높여주는 낮춤의 자세   60
공부 工夫 | 어두운 인생길 밝히는 등불   68

제2장 · 관계의 결을 다스리는 한마디

인내 忍耐 | 내 마음은 빈 하늘일 뿐   81
효행 孝行 | 사랑은 내리사랑이라는 변명   87
선행 善行 | 인간의 마음속에 있는 하늘의 귀   94
행복 幸福 | 마음에 거리낄 것이 없는 상태   103
자녀 교육 子女敎育 | 눈에 보이지 않는 것들을 물려주는 것   108
가정 경영 家庭經營 | 삶의 시작과 끝을 함께할 숙명   117
인간관계 人間關係 | 나를 뒤로 숨겨야 비로소 존재하는 관계   125

언어 言語 | 더없는 따뜻함과 치명적인 날카로움　　　137
친구 親舊 | 나를 젖어들게 하는 존재　　　142

제3장 · 세상의 근본을 다스리는 한마디

처세 處世 | 존재함과 동시에 소멸하는 인간이기에　　　161
기본 基本 | 때를 기다리며 쌓아야 하는 것　　　166
유산 遺産 | 많이 들을수록 남는 말, "덕분입니다"　　　173
성품 性品 | 늘 푸른 것, 늘 향기를 간직하는 것　　　178
후회 後悔 | 건강한 긴장을 유지하는 생활　　　183
위기 대응 危機對應 | 일희일비하지 않는 습관　　　186
자기 경영 自己經營 | 마음의 균형을 유지하는 방법　　　195
안빈낙도 安貧樂道 | 만족할 줄 아는 즐거운 인생　　　209

발문 | 나가며 한마디　　　216

제1장

내 마음을 다스리는 한마디

좌우명 座右銘
앉은 자리 오른쪽에 걸어놓는 삶의 이정표

좌우명은 늘 앉는 자리 오른쪽에 갖추어두고 새기는 글입니다. 나라에는 국훈國訓이 있고, 집안에는 가훈家訓이 있듯이 개인에게도 좌우명座右銘이 있습니다. 늘 가슴 깊이 새기며 흔들리는 영혼을 바로 세우는 좌우명은 삶의 지표이며 내비게이션입니다. 좌표를 잃어버린 세상입니다. 어디로 가야 할지, 어떻게 가야 할지, 목표 없이 흔들리는 영혼에게 좌우명은 명확한 삶의 가치와 방향을 잡아줍니다.

張思叔座右銘曰 凡語를 必忠信하며 凡行을 必篤敬하며

장사숙이 좌우명에 이르기를, 말을 할 때는 반드시 진심과 믿음으로 해야 하고, 행동은 반드시 독실하고 공경을 다해야 한다.

飮食을 必愼節하며 字畫을 必楷正하며

음식을 먹을 때는 반드시 삼가고 절제가 있어야 하며, 글씨는 반드시 반듯하고 바르게 써야 한다.

容貌를 必端莊하며 衣冠을 必整肅하며

용모는 반드시 단정하고 엄숙히 하며, 의관은 반드시 바르게 정제해야 한다.

步履를 必安詳하며 居處를 必正靜하며

걸음걸이는 반드시 편안하고 조심스럽게 해야 하고, 거처는 반드시 물건을 정리하고 정숙을 유지해야 한다.

作事를 必謀始하며 出言을 必顧行하며

일할 때는 반드시 처음 먹은 생각을 잊지 말고 진행할 것이며, 말을 할 때는 반드시 지킬 수 있는지를 돌아봐야 한다.

常德을 必固持하며 然諾을 必重應하며

평상시 인격은 반드시 굳게 유지하고, 승낙은 반드시 신중히 대답하며

見善如己出하며 見惡如己病하라

착한 행동을 보거든 자기가 한 것처럼 칭찬을 아끼지 말고, 나쁜 일을 보거든 나의 문제가 아닐까 고민해야 한다.

凡_범此_차十_십四_사者_자는 皆_개我_아未_미深_심省_성이라
이 열네 가지는 모두 내가 아직 깊이 성찰하지 못한 것이다.

書_서此_차當_당座_좌隅_우하여 朝_조夕_석視_시爲_위警_경하노라.
이 내용을 앉은 자리 귀퉁이 오른쪽에 걸어놓고 아침저녁으로 보고 인생의 경계로 삼고자 한다.

좌우명을 한자로 써보라는 시험문제가 입사 시험에 자주 출제되는데, 많은 이들이 '左右銘'으로 쓴다고 합니다. 내 인생을 좌우_{左右}하는, 명심해야 할 글귀라고 생각한 것이겠지요. 좌우명은 '座右銘'입니다. 앉은 자리_座 오른쪽_右에 걸어놓고 마음에 새겨야_{銘心} 할 글귀라는 뜻입니다. 사람마다 좌우명은 다릅니다. '근면' '성실' 등과 같이 간단한 명사로 된 것부터, '착하게 살자!' '카르페 디엠! 이 순간을 즐겨라!'와 같이 동사로 끝나는 것까지 다양합니다. 옛사람들은 좌우명을 중요시했습니다. 그것은 한 개인의 가치관일 뿐만 아니라, 가족의 철학이기도 했습니다. 자녀들은 부모의 좌우명을 보면서 자랐고, 어른이 되면 자신의 좌우명을 만들어 벽

에 걸어놓았습니다. 이 글귀를 오른쪽에 걸어두는 이유는 아마도 고개를 오른쪽으로 돌릴 일이 많아서겠지요. 여러분들은 좌우명을 갖고 있습니까? 좌우명은 곧 가치관입니다. 가치관은 내 삶의 방향을 제시해주는 등대와 같은 존재입니다. 매순간, 내 삶과 행동이 나의 준칙에 위배되지 않는지 돌아보는 것입니다. 가치관은 변합니다. 따라서, 좌우명 역시 상황에 따라 변할 수 있습니다.

송宋나라의 유학자인 장사숙은 정이程頤 선생의 제자로 알려져 있습니다. 이분의 좌우명은 다양한 일상에 대한 경구로 이루어져 있습니다. 언어와 행동, 음식과 글씨, 용모와 의관, 걸음걸이, 거처, 작업, 말과 약속, 인격, 타인의 선행과 악행에 대한 태도 등, 열네 가지 인생의 가치를 열거합니다. 장사숙의 가치관은 현재를 살고 있는 우리 역시 공감할 수 있는 삶의 기본 원칙이기도 합니다. 물론 다른 의견도 있을 수 있습니다. '글씨는 꼭 바르게 써야 하나? 천재는 악필이라고 하던데······.' '음식은 꼭 절제해야 하나? 그때그때 먹고 싶은 음식을 먹는 것도 인생의 큰 즐거움 가운데 하나인데······.' '옷은 꼭 단정하게 차려입어야 하나? 내 취향에 따라 자유롭게 입고 싶은데······.' 다양한 개성과 생각이 공존하는 시대에서 자연스러운 생각이죠. 보다 중요한 것은 자신만의 인생철학, 가치관을 반영한 좌우명을 만들어 늘 새기며 사는 것입니다. 스마트폰 뒷면이나 차 안에 붙여놓는 것도 좋은 방법이지요. 인생에

좌표가 있고 안내자가 있다는 것은 참으로 소중한 일입니다.

<small>자 왈 덕 지 불 수　　학 지 불 강　　문 의 불 능 사　　불 선 불 능 개</small>
子曰 德之不修와 學之不講과 聞義不能徙와 不善不能改가
<small>시 오 우 야</small>
是吾憂也니라.

공자가 말하였다. 덕을 닦지 않는 것과 배움을 제대로 남에게 전하지 못하는 것과, 옳은 것을 듣고 삶에 실천하지 않는 것과, 좋지 못한 습관을 고치지 못하는 것이 나의 근심이다.

『명심보감』에는 없지만 공자의 좌우명을 옮겨봅니다. 공자는 늘 스스로를 돌아보고 삶의 가치에 대해 고민했습니다. 위의 네 가지는 공자가 늘 고민하며 잊지 않기 위해 노력했던 항목입니다. 수덕修德은 덕을 수련하고 연마하는 것입니다. 덕은 하늘이 준 위대한 하늘다움입니다. 남에게 덕을 베풀고, 덕을 행하는 삶을 살아가는 것이 수덕입니다. 강학講學은 배움을 전파하는 일입니다. 옳은 이야기를 나만 알고 있는 것이 아니라 세상 사람들에게도 널리 알려야 합니다. 행의行義는 옳음의 실천입니다. 옳은 것을 알았다면 행동으로 옮겨야 합니다. 내 삶에 반영되어 있지 않은 옳음은 진정한 의義라 할 수 없습니다. 개선改善은 선의 축으로 이동하는 것입니다. 끊임없는 혁신과 노력으로 내 삶에서 잘못된 것이나 나쁜 것들을 고쳐나가야 합니다. 덕을 제대로 베풀고 있는가? 배움을 게을리하지 않고 전파하고 있는가? 의를 실천하고 있는가? 삶은 개선되고 있는가? 이 네 가지가 공자의 좌우명이라 할 수 있습니다.

紫虛元君誠諭心文曰
자허원군이 「성유심문」에 말하였다.

福生於淸儉하고 德生於卑退하고
행복은 청렴과 검소함에서 생기고, 인격은 낮춤과 양보에서 생긴다.

道生於安靜하고 命生於和暢하고
인간의 도리는 편안함과 고요함 속에서 생기고, 운명은 화합과 밝은 모습에서 바뀐다.

患生於多慾하고 禍生於多貪하고
근심은 과도한 욕심에서 생기고, 재앙은 과도한 탐욕에서 생긴다.

過生於輕慢하고 罪生於不仁이니라
잘못은 경솔함과 오만함에서 생기고, 범죄는 어질지 못함에서 생긴다.

戒眼하여 莫看他非하고 戒口하여 莫談他短하고

눈을 조심하여 남의 단점만 보려 하지 말고, 입을 조심하여 남의 단점만 말하려 하지 마라.

戒心하여 莫自貪嗔하고 戒身하여 莫隨惡伴하며

마음을 경계하여 탐욕과 분노를 없애고, 몸을 경계하여 나쁜 이들과 어울리지 마라.

無益之言을 莫妄說하고 不干己事를 莫妄爲하며

쓸데없는 말을 함부로 하지 말고, 상관없는 일에 함부로 끼어들지 마라.

尊君王孝父母하고 敬尊長奉有德하고 別賢愚恕無識하며

지도자를 높이고 부모에게 효도하며, 어른을 공경하고 인격자를 받들고, 어질고 못난 사람을 구별하고 무식한 사람을 용서하라.

物順來而勿拒하고 物旣去而勿追하며

물질이 순리대로 다가오면 거부하지 말고, 그 물질이 떠나가도 쫓아가지 마라.

身未遇而勿望하고 事已過而勿思하라

나를 대우하지 않더라도 대우해주기를 바라지 말고, 일이 이미 지나갔
으면 후회하지 마라.

_{총 명}　　_{다 암 매}　　_{산 계}　　_{실 편 의}
聰明도 多暗昧요 算計도 失便宜니라

아무리 총명한 사람도 때로는 어두운 구석이 많고, 계산을 아무리 잘해
도 손해나는 경우가 많다.

_{손 인 종 자 실}　　_{의 세 화 상 수}
損人終自失이요 倚勢禍相隨라

남에게 손해를 입히면 결국 나에게 손해가 되고, 권세에 의지하면 재앙
이 잇따를 것이다.

_{계 지 재 심}　　_{수 지 재 기}
戒之在心하고 守之在氣라

마음속 깊이 조심하고, 굳세게 지켜나가라.

_{위 부 절 이 망 가}　　_{인 불 염 이 실 위}
爲不節而亡家하고 因不廉而失位니라

절제하지 못하면 집안이 망하고, 청렴하지 못하면 내 자리를 잃게 된다.

_{권 군 자 경 어 평 생}　　_{가 탄 가 경 이 가 외}
勸君自警於平生하노니 可歎可驚而可畏니라

그대에게 권하노니 평생 경계하고,
안타깝고 놀랍고 조심스럽게 인생을 살아가라.

<small>상 임 지 이 천 감　　　　하 찰 지 이 지 기</small>
上臨之以天鑑하고 下察之以地祇라

위에서는 하늘이 지켜보고 있고, 아래에서는 땅이 감시하고 있다.

<small>명 유 왕 법 상 계　　　　암 유 귀 신 상 수</small>
明有王法相繼하고 暗有鬼神相隨라

밝은 곳에서 지엄한 왕법이 서로 이어져 있고, 어두운 곳에서는 귀신들이 서로 지켜보고 있다.

<small>유 정 가 수　　심 불 가 기　　계 지 계 지</small>
惟正可守요 心不可欺니 戒之戒之하라.

오직 바르게 몸가짐을 하라. 마음을 속이지 마라. 경계하고 또 경계하라!

『명심보감』의 이 글은 읽고 또 읽어도 참 가슴에 와닿습니다. 인간의 도리를 알고 그에 따라 사는 것은 그리 녹록한 일이 아닙니다. 우리는 무지해서 때로 가지 말아야 할 길을 가기도 하고, 하지 말아야 할 행동을 하기도 합니다. 그럴 때 이 글들은 우리에게 어떤 길로 가야 하는지, 어떤 생각을 해야 하는지, 또 어떤 행동을 해야 하는지 알려줍니다. 자허원군紫虛元君은 실존 인물은 아니었던 듯합니다. 그는 아마도 도가道家 철학에서 말하는 '깨달은 사람'인 것 같습니다. 그런 그의 깨달음이 집약되어 있는 글이 「성유심문」으로, 이는 곧 정성을 다해 마음속에 새겨야 할 말입니다. 복은 물질적인 욕망을 채우고 남에게 과시하는 데서 오는 것이 아닙니다. 그것은 겸손함과 평온함, 안정과 평상심을 유지하고 살아가는 사람에게 찾아옵니다. 남의 단점과 잘잘못을 들추어내며 다니기보다 자신을 돌아보고 성찰하며 사는 것이 진정 복을 얻고 천명을 누리는 길이라는 뜻입니다. 물 흐르듯, 순리를 따르며 살아가라는 말이지요. 내게서 떠나는 것은 모두 이유가 있어서 그러하니 무리하게 잡으려 하지 말고, 나에게 다가오는 것 역시 이유가 있어서 그러하니 억지로 밀어내지 말라는 구절은 더욱 감동입니다.

  살다보면 떠나가는 것에 미련을 두고, 다가오는 것을 밀어내는 경우가 많습니다. 그러다보면 아쉬움이 생기고 상처가 남게 마련입니다. 남이 나를 대접해주기를 바라기 전에 상대방을 어떻게 대접해야 할지 내가 먼저 고민한다면, 늘 대접받는 사람이 될 것입니다. 아무리 똑똑하게 계산을 잘하고 살아도 예상치 못한 데서 사고가 나는 경우가 많습니다. 이익은커녕 더 큰 손해를 보고 마는 것입니다. 얼핏 어수룩해 보여도 결국에는 인생의 승리자가 되는 사람들도 많습니다. 똑똑한 사람만이 이기는 세상이 아닙니다. 긴 안목으로 보면 조금쯤 손해를 보며 사는 것이 진정 잘 사는 인생일 수 있습니다. 가슴속에 새기고 늘 나를 돌아보는 좌우명으로 삼을 만한 글귀입니다.

자신감 自信感
남이 나를 믿게 하는 힘

自信者는 人亦信之하여 吳越이 皆兄弟요 自疑者는
人亦疑之하여 身外에 皆敵國이니라.

자신을 믿는 자는 남 또한 그를 믿게 해서 오나라와 월나라와 같은 원수 사이라도 모두 형제로 만들 수 있고, 자신을 의심하는 자는 남 또한 그를 의심하게 해서 자기 자신 외에는 모두 적국이 되게 한다.

스스로에 대한 확신이 있는 사람, 스스로를 믿는 사람은 다른 모두가 믿을 수 있습니다. 스스로를 믿지 못하고 의심하면 어느 누구도 그 사람을 믿을 수 없습니다. 타인들이 나를 믿거나 믿지 못하는 것은 결국, 내가 나를 믿느냐 그러지 못하느냐에 달려 있습니다. 자신에 대한 믿음과 애정은 타인의 사랑을 불러옵니다.

반대로, 자신에 대한 증오와 부정은 타인의 멸시를 불러옵니다. 스스로를 믿고 다가가면 원수와도 형제가 될 수 있습니다. 스스로에 대한 믿음은 곧 타인의 믿음을 가져옵니다. '나'라는 한 개인은 우주의 에너지가 응축되어 태어난 존재입니다. 내 안에 위대한 우주의 기운이 있습니다. 그런 자신을 믿고 살면 세상의 모든 존재와 형제가 될 수 있습니다.

子曰 士志於道하고 而恥惡衣惡食者는 未足與議也니라.
공자가 말했다. 선비가 인간의 도리에 뜻을 두고 거친 옷과 거친 음식을 부끄러워한다면 더불어 인간의 도리를 논할 수 없다.

도道는 여러 가지 뜻을 가지고 있습니다. 우주적 진리나 원리일 수도 있고, 리더십이나 방법을 뜻하기도 합니다. 인간이 '도'를 추구한다는 것에는 다양한 해석이 가능합니다. 우주의 원리에 대한 도전일 수도 있고, 세상 사는 원리에 대한 열망일 수도 있습니다. 사회를 다스리는 리더십이라고 해도 좋습니다. 저는 여기서 '인간의 도리에 대한 추구'라고 번역했습니다. 이 세상을 살아가기 위한 도리를 알고자 꿈을 꾸고 목표를 두었다면 물질적 욕망에서 벗어나야 합니다. 이분법적으로 간단하게 정리하면, 정신적 충만함으로 사는 사람이 물질적인 욕망에 구속되어서는 안 된다는 말입니다.

우리 삶의 가치는 다양합니다. 무엇을 선택하든 그 선택에는 모두 의미가 있습니다. 성공에 삶의 가치를 둔 사람은 그 목표를 향해 최선을 다해 살아가면 됩니다. 정신적인 만족과 삶의 의미를 소중히 여기는 사람은 자신의 영혼을 좇아 살면 됩니다. 그런데 인생의 가치를 정신적 만족에 두겠다고 마음먹고는 자신이 먹는 음식이 맛이 없다고, 자신이 입고 다니는 옷이 볼품없다고 부끄러워하고 고민하는 사람이 있다면, 애초부터 목표가 잘못 설정된 것입니다.

우리는 자신의 가치를 소중히 여기며 살아야 합니다. 명품 가방을 메고 비싼 차를 타고 넓은 집에서 사는 것이 행복이라고 생각할 수도 있고, 비록 작지만 자신에게 의미 있는 것들을 소중히 여기며 사는 것을 행복이라고 생각할 수도 있습니다. 그러나 내가 선택한 가치가 정신적인 만족이라면 물질이 부족하다고 부끄러워해서는 안 되는 것입니다. 비록 남루한 옷을 걸치고, 거친 음식을 먹더라도 내가 추구하는 목표가 정당하다면 내 삶 앞에 당당하게 설 수 있습니다. 자신감은 타인보다 많이 가진 데서 나오는 것이 아니라, 나만의 목표를 확신하는 데서 나옵니다.

천불생무록지인   지부장무명지초
天不生無祿之人하고 地不長無名之草니라.

하늘은 돈 벌지 못하는 사람을 만들지 않고, 땅은 이름 없는 풀을 기르지 않는다.

이 세상에 존재하는 모든 것에는 그 존재 의미가 있습니다. 살만한 가치가 있기에 태어난 것입니다. 물론 어떤 이는 시쳇말로 금수저를 물고 태어나고, 또 어떤 이는 흙수저를 물고 태어납니다. 물질적 풍요로움의 차이가 있을지언정 근본적인 존재의 차이는 없습니다. 우리는 곧잘 불평하고 스스로를 부정하기도 합니다. 나는 왜 이렇게 태어났을까, 하고 말이지요. 안타까운 일입니다. 옛사람들 말에 '자기가 먹을 것은 자기가 갖고 태어난다'는 말이 있습니다. 희망만 잃지 않으면 살 수 있습니다. 세상에서 가장 무서운 것은 희망이 없다는 것입니다. "나는 의미 없는 존재야" "나는 태어나지 말아야 했어"와 같이 무서운 말도 없습니다. 하늘이 인간을 낼 때 반드시 먹을 것을 주어 보내고, 땅이 풀을 기를 때는 반드시 이름을 지어줍니다. 나는 우주에서 가장 소중하다는 자신감을 가져도 좋습니다.

一日清閑이면 一日仙이니라.
오늘 하루 마음이 맑고 몸이 한가롭다면 오늘 하루만큼은 신선이다.

신선이 되는 방법은 간단합니다. 마음을 편안히 먹고 한가로이 하루를 보내면 그 하루, 나는 신선입니다. 그 하루가 계속되면 평생 신선처럼 살 수 있습니다. 청淸은 맑은 생각을 갖고 사는 것입니다. 한閑은 한가로운 것입니다. 정신적으로는 맑은 생각을 가지고, 육체적으로는 한가함을 느끼며 사는 사람이 신선입니다. 산속에 사는 사람도 아니고 구름 위에서 노는 사람도 아닙니다. 저잣거리 복잡한 세상에서 살지만 영혼이 늘 깨어 있고, 편안한 마음으로 너그럽게 사는 사람이 진짜 신선입니다. 먼 곳에서 신선을 찾지 말고, 오늘 하루만이라도 신선놀음을 해보는 것도 좋을 것 같습니다. 타인의 시선으로 나를 볼 것이 아니라, 나 자신의 시선으로 스스로를 들여다보고 자신만의 가치를 실현해나간다면 자신감으로 충만한 삶을 살 수 있을 것입니다.

경 행 록 운　　대 장 부 견 선 명 고　　중 명 절 어 태 산
景行錄云 大丈夫見善明故로 重名節於泰山하고
용 심 정 고　　경 사 생 어 홍 모
用心精故로 輕死生於鴻毛니라.

『경행록』에 말하였다. 대장부는 옳고 그름을 보는 판단이 명확한 까닭에 명분과 절개를 태산보다 소중히 여기고, 마음가짐이 깨끗한 까닭에 죽고 사는 것을 기러기 털보다 가볍게 여긴다.

맹자는 자신감이 가득하고 호연지기의 정신적 에너지로 충만한

사람을 대장부大丈夫라고 정의합니다. 대장부는 어떤 일이든 당당하고 흔들리지 않는 부동심不動心을 갖고 있습니다. 대장부가 이렇게 당당하고 자신감에 가득 찰 수 있는 것은 자신의 판단과 행동이 원칙에 어긋나지 않기 때문입니다. 사회적 공의公義와 가치價値에 따라 명확하고 옳은 판단을 하기에 흔들리지 않을 수 있다는 것입니다. 안중근 선생은, 옳고 그름을 판단하는 기준이 분명했기에 눈앞의 위험을 알고도 당신이 옳다고 생각한 일을 당당하게 행동에 옮겼습니다. 당당하게 사는 것이 그분에게는 더욱 가치 있고 소중한 삶이었던 것입니다. 죽음은 모든 인간에게 두려운 것이지만, 이를 내 삶의 가치와 바꾸지 않겠다는 대장부의 기개는 우리 민족의 철학이었으며, 이 철학이 곧 우리 민족을 오천 년 이상 유지해온 원동력이었습니다.

經目之事도 恐未皆眞이어늘 背後之言을 豈足深信이리오.
눈으로 직접 보고 경험한 일도 모두 다 진실이 아닐까 두려운데 등 뒤에서 들은 말을 어찌 깊이 믿을 수 있겠는가?

우리는 종종 진실 뒤에서 오해를 하곤 합니다. 눈앞에 있는 이의 말만 듣고 진실이라고 잘못 판단하는 경우도 있고, 뜬소문을 진실이라 믿기도 합니다. 내 눈으로 직접 본 것도 도저히 믿을 수 없는 경우가 있는데, 타인의 지나가는 말 한마디에 의심 없이 진실이라고 판단한다면 지혜롭지 못한 일일 것입니다. 마찬가지로 뉴스에 나오거나 신문에 나온다 해서 모두 진실은 아닐 것이며, SNS에 오르내리는 말 역시 그대로 믿을 것은 아닙니다. "아니 땐 굴뚝에 연기 나랴"라는 말도 있기는 하지만, 연기를 가짜로 피울 수도 있습니다. 세상의 진실을 판단할 때는, 자기 확신을 가지고, 나만의 가치가 기준이 되어야 합니다. 근거 없는 풍문에 휘둘려서는 안 될 것입니다.

경계 警戒
인생에서 경계해야 할 세 가지

子曰 君子有三戒하니 少之時에는 血氣未定이라
戒之在色하고 及其壯也하여는 血氣方剛이라
戒之在鬪하고 及其老也하여는 血氣旣衰라 戒之在得이니라.

공자가 말했다. 군자는 세 가지 경계해야 할 것이 있다. 어려서는 혈기가 안정되지 않았기에 색을 경계해야 하고, 나이가 먹어서는 혈기가 강해지기 때문에 경쟁을 경계해야 하며, 늙어서는 혈기가 쇠퇴하기 때문에 탐욕을 경계해야 한다.

'식욕과 색욕은 인간의 본능이다'라는 뜻의 '식색食色이 성야性也라'는 『맹자孟子』에서 인간의 욕망을 표현한 문구입니다. 이 선언은 인간이라면 음식과 이성에 대한 욕구를 끊을 수 없다는 것을 말합니다. 아무리 성현이라도 삼 일을 굶으면 담을 넘게 되고, 십 년 동안 도를 닦은 사람도 미색美色에 홀려 자신의 모든 것을 버린 채 미색을 좇는다는 이야기를 보면 식색은 인간이라면 피할 수 없는 본능인 듯합니다. 그러나 식색은 본능이기에 스스로 경계하지 않으면 과도한 음식을 원하고, 과도한 색을 탐하게 됩니다. 『명심보감』의 전반에서 색色은 늘 조심하고, 경계해야 할 대상입니다. 비록 피할 수 없는 인간의 본능이라 하더라도 늘 조심하고 경계해야 한다는 것입니다.

우리가 인생에서 늘 경계해야 할 세 가지가 있다면 무엇일까요? 돈, 권력, 분노, 욕심, 나태, 안일 등 각자 경계할 부분이라 여기는 것은 다를 것입니다. 공자는 시기적으로 세 단계로 나누어 경계점을 말하고 있습니다. 청소년기에는 색욕을, 장년기에는 남과의 경쟁을, 노년기에는 탐욕을 경계하라고 말합니다. 색욕, 경쟁욕, 탐욕은 살아가면서 필수적으로 경계해야 할 일이라는 것입니다. 이 구분의 바탕이 되는 것이 '혈기血氣'입니다. 혈기는 인생의 단계를 거치면서 변화합니다. 청소년기에는 불안정하여 색욕이 자제되지 않고, 장년기에는 너무 강해져서 경쟁심이 일어납니다. 누구든 싸워 이기는 것이 능사라고 생각하는 것입니다. 남이 좋은 차를 타면 더 좋은 차를 타야 하고, 남이 큰 집을 사면 무리해서라도 큰 집으로 옮겨야 합니다. 이런 경쟁심은 결국 가서는 안 될 길에 들어서게 하고, 받아서는 안 될 돈을 받게 만듭니다. 적당한 경쟁심이 용기를 주는 것은 분명하지만 과도한 경쟁심은 사람의 건강과 인생을 망칠 수 있습니다. 노년기에는 혈기가 완전 쇠퇴하였기에 욕심得을 경계하라고 합니다. 나이가 들면 물욕에 초연해질 것 같지만 오히려 더 생겨난다고 합니다. 기운도 없고 건강도 자신이 없기 때문에 오히려 금전과 명예에 의존하게 되는 것입니다. 그러나 혼인을 하는 데 있어 색을 무시하지 못하고, 경쟁에서 느낄 수 있는 성취감이 있고, 적당한 욕심이 일을 하게 만드는 동기가 되는 것은 확실합니다. 외나무다리를 건널 때 몸의 균형을 잡는 것이 중요하듯, 인생이라는 돌아갈 수 없는 다리 위에서 욕심과 경계의 중간점을 잘 지켜내는 것이 필요합니다.

夷堅志云 避色을 如避讐하고 避風을 如避箭하라.

『이견지』에 이르기를, 색 피하기를 원수 피하듯이 하며, 바람 피하기를 화살 피하듯이 하라.

중국 송나라의 설화집인 『이견지』에 따르면, 피색避色은 색을 피하는 것이고, 피수避讐는 원수를 피하는 것입니다. 피풍避風은 바람을 피하는 것이고, 피전避箭은 화살을 피하는 것입니다. 피避할 것이 참 많습니다. 갑작스러운 횡재도 어쩌면 피해야 할 것 중에 하나고, 눈앞에 있는 의義롭지 못한 물질도 피해야 할 것 중에 하나입니다. 권력을 잡을 수 있는 기회가 다가왔다고 냉큼 잡을 것이 아니라 한 발짝 물러서서 생각해보는 것이 도리어 좋은 기회가 될 수 있습니다. 또한 명예욕을 제대로 피하지 못하면 공명심이 커져서 결국 화를 당하기도 합니다. 그러고 보면 세상에는 피해야 할 것이 참 많기도 하지요. 사실 명예, 금전, 색, 권력은 차마 피하기 힘든 매력적인 것이지만 그것이 순리가 아니라면 피하는 것이 맞습니다.

정말 음식을 맛있게 하는 중식점이 있었습니다. 화교 3세의 솜씨가 일품이었지만 변두리에 위치한 탓에 아는 사람만 계속 찾는 작은 식당이었습니다. 맛집 소개 TV 프로그램의 연출을 맡고 있는 지인에게 소개했고, 전국적으로 방송을 타게 되었습니다. 그 여파로 갑작스럽게 몰린 손님들의 예약 전화에 6개월간 전화는 불통이 되었고, 주인은 떼돈을 벌게 되었습니다. 그런데 1년 뒤 찾아간 그 중식점의 주인은 처음 보는 사람이었습니다. 이유인 즉, 손님이 감당할 수 없을 만큼 늘어나서 결국 부부는 과로와 손목 디스크로 병원에 입원하고 지금은 일어나지도 못할 지경이 되었다는 것입니다. 유감스럽게도 내가 그 주인에게 호의를 베푼 것이 아니라 불행의 화살을 쏜 꼴이 되었죠.

나에게 다가오는 것을 피해야 할지 받아들여야 할지, 제대로 판단하고 선택하기란 쉬운 일이 아닙니다. 그럼에도 불구하고, 권력과 부와 명예가 나에게 다가올 때 과연 이 화살이 나에게 상처를 줄 것인가? 아니면 복을 줄 것인가? 제대로 따지려는 노력을 하는 것은 중요합니다. 인간은 술酒, 색, 돈財, 기氣라는 담장에 갇혀 있는 존재입니다. 언제든지 인간에게 상처를 입힐 수 있는 것들입니다. 이런 위험에 노출되어 사는 것이 바로 인생입니다.

酒色財氣四堵墻에 多少賢愚在內廂이라 若有世人跳得出이면 便是神仙不死方이니라.

술, 색, 돈, 기라는 사방의 담장 안에 많고 적은 똑똑한 사람, 어리석은 사람들이 그 집에 살고 있구나. 만약 세상 사람 중에 그 담장을 뛰어넘어 나갈 수 있는 사람이 있다면 이 사람이 곧 죽지 않는 방법을 아는 신선이다.

〈설국열차〉라는 영화가 있습니다. 세상에 빙하기가 다시 찾아와 온 세상이 꽁꽁 얼어붙었을 때 달리는 것은 기차뿐이었고, 생존자는 열차 안 사람들이 전부였습니다. 사람들은 열차 안 생활에 익숙해졌고, 아무도 열차 밖으로 나갈 생각을 하지 않았습니다. 열차 안은 인간들이 사는 유일한 세상이었습니다. 영화 속 주인공은 그 열차 밖으로 나갈 꿈을 꿉니다. 그리고 때가 되었을 때 그

열차 문을 폭파하고 결국 열차 밖으로 나가는 데 성공합니다. 그 순간부터 더 이상 열차 밖은 인간이 살지 못하는 세상이 아니었습니다. 영원할 것 같던 얼음 세상은 녹아 다시 생명체가 살 만한 환경으로 변해갈 것입니다.

'지금, 여기'에 길들여지면 다른 세상을 상상하기란 쉽지 않습니다. 돈과 명예, 권력과 경쟁이라는 담장 속에서 용기 있게 그 담장을 뛰어넘을 때 인간은 비로소 인간으로서의 존엄성을 되찾을 수 있을 것입니다.

음식 飮食
담박한 음식과 편안한 꿈자리

어느 일식집에 걸린 글씨가 기억이 납니다. '대미필담大味必淡, 최고의 맛은 담박해야 한다.' 양념으로 짜고 맵게 맛을 낸 음식은 최고의 음식이라 할 수 없다는 것입니다. 그러한 '음식 철학'을 가진 그 일식집은 한국의 3대 초밥집 중 한 곳으로 알려져 있습니다.

경 행 록 왈   식 담 정 신 상   심 청 몽 매 안
景行錄曰 食淡精神爽이요 心淸夢寐安이니라.

『경행록』에 이르기를, 음식이 담박하면 정신이 상쾌해지고, (정신이 상쾌해져) 마음이 맑으면 꿈자리가 편안해진다.

『명심보감』에서도 음식의 균형과 재료 본래의 맛을 중요시합니다. 아무리 몸에 좋은 것이라도 균형 있게 섭취하고 되도록 지나

친 양념을 가미하지 않은 음식 재료의 본맛을 느끼라고 합니다.

싱겁게 먹으면 정신이 맑아지고, 정신이 맑아지면 꿈자리夢寐가 편안하다는 말입니다. '몽매에도 못 잊을 사람'이라는 말은 꿈속에서도 생각나는 사람이라는 뜻입니다. 꿈자리가 뒤숭숭하면 자고 나도 개운하지 않고 온종일 몽롱한 상태로 보내게 됩니다. 담淡은 싱겁고 묽은 것입니다. 양념이 강하지 않고 음식 재료의 순순한 맛을 가지고 있는 것을 담박淡泊하다고 합니다. 담박하고 싱거운 음식을 취하는 습관이 정신을 상쾌하게 만듭니다. 상爽은 시원하고 맑은 것입니다. 정신이 늘 맑고 시원한 상태를 유지하려면 음식이 중요한 역할을 합니다. 요즘은 맵고 짠 것을 좋아하는 경향이 있습니다. 자극적인 음식에 길들여지면 그 강도가 점점 강하게 됩니다. 음식 습관과 더불어 중요한 것이 음식의 균형입니다.

음식은 사람의 건강과 인생에 중요한 요소입니다. 잘 먹는 것이 잘사는 것이라는 말도 있듯이, 건강한 음식에서 건강한 육체가 만들어지고, 건강한 육체에 건전한 정신이 깃들게 됩니다. 건강한 정신과 육체를 가지고 있다면 그것이 잘사는 것입니다. 건강한 음식은 재료 본연의 맛을 간직한 음식입니다. 『도덕경』에는 '화려한 맛을 추구하면 할수록 인간의 입은 상하게 된다'는 구절이 있습니다. 짜고 맵고 뜨겁고 자극적인 음식은 인간의 입을 혼란하게 하고 정신까지도 혼미하게 만듭니다.

當令飮食均
당 령 음 식 균

먹고 마시는 것은 균형 있게 해야 한다.

균均은 동양에서 꿈꾸는 완벽한 평형의 상태를 말합니다. 넘치지도 모자라지도 않는 균형 잡힌 삶이야말로 인간이 살아가야 할 방향이자 목표입니다. 도덕적으로는 중용中庸의 삶이고, 예술적으로는 지선至善의 아름다움입니다. 과학에서의 '균'은 안정을 뜻합니다. 맛있는 음식을 앞에 두고 균형을 잡기란 쉽지 않습니다. 인간의 욕망 속에서 '균'을 깨뜨리려는 충동이 솟구쳐 자신도 모르게 음식을 탐닉하는 불균不均의 세계에 빠지는 것입니다. 술을 마시는 행위 자체가 나쁜 것이 아니라 균형이 깨진 과도한 음주가 문제가 되는 것입니다. 음식을 먹는 것이 문제가 아니라 과도한 식사나 결핍된 식사가 문제입니다.

莫喫空心茶하고 少食中夜飯하라.
막 끽 공 심 다   소 식 중 야 반

빈속에 차를 마시지 말고 한밤중에 적게 먹어라.

차茶나 커피 같은 음료들은 유익한 경우도 있지만 모두 인간의 욕망을 자극하는 음식입니다. 특히 새벽이나 늦은 저녁 시간, 빈속에 차나 커피를 마시게 되면 지나친 자극으로 건강을 해치게 됩니다. 그래서 빈속에 차 마시지 말라는 말은 자주 듣게 되지요. 끽喫은 '먹는다'는 뜻입니다. 우리가 '끽해야 얼마나 먹겠냐?'는 말은 '먹어보았자 얼마나 먹겠냐?'는 의미지요.

공심空心은 빈속입니다. 심심心은 마음이라는 뜻도 있지만 '뱃속'이라는 뜻도 있습니다. 중야中夜는 한밤중을 말합니다. 잠을 자야 할 시간에 폭식을 하면 균형이 깨지게 됩니다. 현대인들은 한밤에 더욱 활발한 활동을 합니다. 불이 환하게 켜진 양계장의 닭이 쉬지 않고 달걀과 고기를 생산해내듯이 현대인들은 한밤에 전깃불 아래에서 쉴 새 없이 움직입니다. 그에 따라 새벽에 커피를 마시고 한밤에 음식을 즐기는 습관을 들인다면, 그 결말은 비극입니다.

포 식 난 의   이 연 자 위 자   신 수 안   기 여 자 손   하
飽食煖衣하여 怡然自衛者는 身雖安이나 其如子孫에 何오.
음식을 배부르게 먹고 옷을 따뜻하게 입으며 자신만 잘살려고 한다면
몸은 비록 편안할지언정 자손에게 무슨 이익이 있겠는가?

음식을 배불리 먹고 등 따뜻하게 사는 것은 모두가 바라는 바지만, 자신의 안위만 걱정하며 산다면 그리 행복한 인생은 아닙니다. 다른 사람의 배고픔은 전혀 이해하지 못하고 오로지 자신의 배만 불리려는 인생이 행복하면 얼마나 행복하겠습니까? 포식飽食은 배부르게 먹는 것이고, 난의煖衣는 따뜻한 옷을 입는 것입니다.

이연怡然은 기뻐하는 모습이고 자위自衛는 스스로 위하고 안락하게 사는 것입니다. 내 배 부르고, 내 등 따뜻하고, 내 편안함만 누리며 사는 것이 어쩌면 현대인들에게는 당연한 삶의 방식일 수 있습니다. 나를 위한, 나만의 삶을 산다고 해서 어느 누가 뭐라 하지도 않습니다. 그러나 타인의 배고픔까지 걱정해줄 수 있는 삶이라면 그의 인생은 더욱 풍성해질 것입니다. 아름다운 인간의 삶은 모름지기 반드시 물질적 풍요만으로는 이루어질 수 없는 것이지요.

飽煖(포난)에 思淫慾(사음욕)하고 飢寒(기한)에 發道心(발도심)이니라.

배부르고 따뜻하면 음란한 욕심이 생겨나고, 배고프고 추우면 인간의 도심이 발동한다.

애플의 창업자 스티브 잡스의 2005년 스탠퍼드 대학 졸업식 연설 한 구절이 생각납니다. "Stay hungry!" 계속해서 배고픈 길을 선택하라는 스티브 잡스의 외침이 비싼 수업료 내며 다니다 졸업하는 학생들에게 얼마나 절실하게 들렸을지는 모르겠지만 배고픔은 인간에게 적극적 삶의 동기를 유발하게 한다는 것입니다. 몸이 편안한 생활이 행복이라고 생각할 수 있지만 그 안락함 속에는 나태한 삶이 기다리고 있습니다.

음욕淫慾은 음란한 생각입니다. 안락함에서 나오는 나태함, 그 나태함을 못 견디면 음란한 행동을 하게 됩니다. 부족한 것 없는 사람들의 비극적 결말입니다. 도심道心은 도를 닦는 마음입니다. 여기서 도는 산속에서 하는 면벽 수도가 아니라 인간이 가야 할 바른 길道을 가고자 하는 마음입니다. 성공한 사람들의 특징은 춥고 배고픈 상황 속에서 끈기와 인내로 뜨겁게 불태웠다는 것입니다. 그들은 안락安樂보다는 우환憂患을 선택하였고, 포난飽暖보다는 기한飢寒을 발판으로 일어난 사람들입니다. '먹고 마시는 것'은 인간이 가진 피할 수 없는 욕망이며 생존 조건이지만 이런 욕구에 휘둘리지 않고 균均을 지키며 살아가기 위해서는 저만의 인생관을 세우지 않으면 불가능합니다.

공자는 자신의 애제자 안회顔回를 높이 평가합니다. 그가 물질적 빈곤 속에서 자신의 삶의 가치를 놓치지 않고 살고 있다는 점을 강조하면서 말이죠. "나의 제자 안회여! 거친 밥과 물 한 그릇으로 빈민가에서 산다는 것이 다른 사람들에게는 견디지 못할 고통인데, 너는 그 물질적 궁핍 속에서 삶의 가치를 놓치지 않고 살고 있구나! 나의 제자 안회여, 너는 정말 현명한 인생을 살고 있다!"

음주 飲酒
약과 독, 두 얼굴의 술

史記曰 郊天禮廟는 非酒不享이요 君臣朋友는
非酒不義요 鬪爭相和는 非酒不勸이라
故로 酒有成敗而不可泛飮之니라.

『사기』에 말하였다. 하늘에게 제사를 지내고 사당에 예를 표할 때 술이 없으면 조상과 만날 수 없고, 임금과 신하, 친구 간에 술이 없으면 의리가 생기지 않으며, 다투고 화해할 때 술이 없으면 먼저 화해를 청할 수 없는 것이다. 술은 일을 성사시키기도 하지만 망치기도 한다. 그러니 함부로 술을 마셔서는 안 될 것이다.

술은 동서고금을 막론하고 조심해야 할 대상입니다. 사람의 몸에 술이 들어가면 정신이 혼미해지고 말이 많아지는 등 평소에 잘 보이지 않던 특성이 드러나게 마련입니다. 또한 과음은 건강을 해치기도 합니다. 그러나 때로는 술을 잘 마시면 좋은 인간관계가 만들어지고 울적한 마음을 달랠 수도 있습니다. 그래서 술은 사람을 성공으로 이끌기도 하고 반대로 사람을 망하게도 합니다. 사마천司馬遷은 『사기史記』에서 술의 세 가지 좋은 점을 말하고 있습니다. 첫째는 제사 지낼 때 산 자와 죽은 자가 술을 매개로 만난다는 것입니다. 둘째는 상하 관계의 서먹한 사이가 술을 통해 돈독해질 수 있다는 것입니다. 셋째는 서로 화해를 청하고 갈등을 풀 때 술이 촉매제가 된다는 것입니다. 세월이 지나도 술의 장점으로 꼽는 부분은 비슷합니다. 돌아가신 부모님께 술 한잔 올리며 추모하고, 서로 어색한 사이가 술 한잔에 풀어지기도 하고, 갖고 있던 좋지 않은 감정을 술로 푸는 것은 오늘날에도 흔히 볼 수 있는 모습입니다.

특히 제사 지낼 때 꼭 필요한 것이 주과포酒果脯입니다. 술은 제사 전반에 걸쳐 등장하는 제사의 가장 중요한 요소입니다. 제사에서 술을 세 번 올리게 되는데, 첫잔을 올리는 것을 초헌初獻이라고 하고 그 첫잔을 올리는 사람을 초헌관이라고 합니다. 음식을 차려 놓고 자손의 대표가 보통 초헌을 하는데, 주로 장남이나 종손이 이 역할을 하게 되죠. 두 번째 술을 올리는 것을 아헌亞獻이라고 합니다. 아헌은 주로 여성 대표가 하는데 주부主婦, 그러니까 종부宗婦

나 맏며느리가 여성을 대표하여 잔을 올리는 것입니다. 마지막으로 올리는 술잔을 종헌終獻이라고 합니다. 종헌은 그 자리에 있는 사람들 중에서 귀한 손님이나, 연장자, 특별한 일을 앞둔 사람이 주로 하는데, 먼 길을 떠나는 사람이나 결혼을 예정하고 있는 사람이 주로 맡습니다. 제사가 끝나고 신을 보낼 때 음복飮福의 예가 있습니다. 자손이 술을 올렸으니 조상님이 자손에게 주는 술입니다. 그 술을 연치年齒에 따라 마시는데 여기서도 술은 중요한 역할을 합니다. 결국 제사 전반에 걸쳐 술은 제사의 꽃이요 가장 중요한 매개물인 것입니다. 산 자와 죽은 자의 세계를 무엇으로 소통할 것인가는 역사적으로 중요한 문제의식이었습니다. 주문呪文, 무용舞踊, 음악音樂, 음식飮食 등 소통을 위한 다양한 매개체가 있지만 술이야말로 산 자와 죽은 자를 소통하는 데 있어서 가장 중요한 매개체로 여겨져 왔습니다.

  인간관계에 있어서도 술은 의리義理를 맹서盟誓하는 수단이었습니다. 군신 간의 상하 관계는 술로써 소통하고, 친구 간의 수평 관계는 술로써 이어지는 것입니다. 직장 회식 자리에서도 술은 분위기를 띄우는 윤활유가 되는 것처럼 말이지요. 술은 화해를 위한 도구입니다. 인간 간의 갈등을 풀어주고 화해하는 데 있어서 술은 무엇보다 유익한 역할을 합니다. 투쟁鬪爭은 인간관계에 늘 있기 마련입니다. 싸우고 경쟁하는 것이 인간의 속성이기 때문입니다.

그러나 이런 투쟁 관계를 극복하고 화해로 유도할 수 있는 것이 술입니다. 이성적으로 아무리 용서가 안 되더라도 술을 통해 이성을 버리고 감성적인 측면에서 상대방을 바라보면 이해 못할 것도 없습니다.

그런데 이런 긍정적인 측면에도 불구하고 술은 늘 부정적인 것으로 인식되어 왔습니다. 물론 넘치는 술은 인간의 정신을 마비시켜 폭력을 휘두르게 하고, 술에 중독되면 정상적인 생활이 불가능한 지경에 이르기도 합니다. 문제는 술에 대하여 제대로 배울 기회가 적다는 점입니다. 술의 의미나 격식, 예절 등은 배우지 않고 오로지 정신을 마비시키는 도구로만 술을 마셨기 때문에 술은 사회악으로 분류되어 왔습니다. 여기에 주도酒道를 젊었을 때부터 제대로 가르쳐야 할 이유가 분명히 있습니다. 술자리는 술의 종류보다 함께 마시는 사람이 누구인지가 더 중요합니다. 좋은 친구를 만나 술을 마시면 그 술이 무엇인들 달지 않겠습니까?

酒逢知己千鐘少니라.
주 봉 지 기 천 종 소

술을 마실 때 나를 알아주는 친구를 만나면 천 잔의 술이 적다.

지기知己는 나를 알아주는 친구입니다. 나와 같은 생각을 가지고 있고 나와 같은 기운同氣을 가지고 있는 친구를 말합니다. "이 친구는 나의 십년지기야"라고 말할 수 있는 오랫동안 나를 알아주며 사귄 친구라는 의미입니다. 장자는 이런 친구를 막역지우莫逆之友라고 합니다. 어떤 말과 행동을 해도 서로를 거스르지逆 않는 친구, 내 단점과 실수까지도 안아줄 수 있는 친구라는 뜻입니다. 봉逢은 만난다는 뜻입니다. 이런 친구와 만나 술을 마시면 의리義理가 두터워지고 술을 아무리 먹어도 취하지 않습니다. 종鐘은 종 모양으로 된 술잔입니다. 좋은 친구와는 천 잔의 술이 적다는 말은, 마음을 나누기에 무려 천 잔의 술을 기울일 수 있는 시간마저도 적다는 것입니다. 실제로 술을 먹다보면 술이 쓴 자리가 있고, 술이 술술 잘 들어가는 자리가 있습니다. 특히 나를 알아주고, 내 마음을 헤아려주는 친구를 만나면 '술이 술 같지 않다'라는 말을 종종 합니다. 억지로 마시는 술을 상주商酒라고 합니다. 요즘으로 말하면 사업적으로 마시는 술이란 뜻입니다. 이런 술은 아무리 고급 술이라도 마실수록 독이 됩니다.

  술버릇은 저마다 제각각입니다. 술 먹고 소리 지르거나, 무작정 울거나, 폭력을 휘두르는 등 술과 관련된 버릇은 다양합니다. 그러나 무엇보다 고약한 술버릇 중에 하나가 말이 많아지는 것입니다. 술만 마시면 몇 번이고 말을 반복하는 사람이 있습니다. 술 마시고 나서 말이 적은 사람이 진정 군자라는 말이 있습니다.

주중불어 진군자
酒中不語 眞君子니라.
술자리에서 말을 많이 하지 않는 사람이 진정 군자다.

군자君子는 소인小人과 대비되는 인물입니다. 『논어論語』에는 '군자'라는 단어가 107번 나옵니다. 그만큼 공자가 추구하던 가장 이상적인 인간형이 군자입니다. 그에 비해 소인은 가장 경멸하는 사람의 모습입니다. 의義보다는 이利에 밝고, 패거리 짓기 좋아하고, 행동보다 말이 앞서는 사람들로 『논어』에 묘사되어 있습니다.

군자는 특히 술 마시고 난 후의 태도를 중요하게 봅니다. 술 앞에 흔들리지 않는 정신력을 갖추고 있는지, 추태는 부리지 않는지를 보면 그 사람이 진정 군자인지를 알 수 있습니다. 공자의 음주 습관에 대하여 논어에 짧은 기록이 있습니다. '유주무량불급난唯酒無量不及亂', 유교적 지식인들이 이 구절의 해석에 얼마나 신중을 기했는지는 말할 나위가 없습니다. 이 구절을 어떻게 해석하느냐에 따라 공자가 군자가 되느냐 술주정뱅이가 되느냐가 결정되기 때문입니다. 전통적으로 이 구절에 대한 해석은 이렇습니다. '오직唯 술을 마심에酒 양量이 없이無 마셨지만 어지러움亂에 미치지는及 않으셨다不'. 이런 해석으로 보면 공자는 군자였습니다. 곧 공자는 말술이지만 주사는 없었던, 군자다운 음주 습관을 갖고 있다는 것입니다.

술기운에 횡설수설 말이 많아지고 했던 이야기를 반복하는 사람과는 술자리를 같이하기가 꺼려집니다. 오히려 술을 먹을수록 서로 속내를 드러낼 수 있는 사이라면 더없이 좋겠지요. 그들이 현대적 군자의 모습일 것입니다.

言多語失皆因酒라 戒過度之酒하라.
_{언 다 어 실 개 인 주   계 과 도 지 주}

말이 많아지고 말의 실수가 생기는 것은 모두 술 때문이다. 과도한 음주를 경계하라.

술 취해서 몸을 해치고 조직까지 망하게 한 사례는 많습니다. 하夏나라 마지막 왕인 걸왕桀王이나 상商나라 마지막 왕인 주왕紂王은 술 때문에 나라를 잃어버렸습니다. 주지육림酒池肉林이라는 고사를 만들어낸 주왕紂王은 술로 연못을 만들고, 고기를 달아 숲을 만들어 방탕을 일삼다가 결국 성명性命을 보존하지 못했습니다. 경국지색傾國之色 달기妲己에게 빠져 사구沙丘에서 술과 고기로 연회를 즐기다가 결국 나라를 망하게 하고 말았습니다. 술 자체가 문제가 있는 것은 아닙니다. 과음으로 인한 방탕한 생활이 결국 화를 불러일으킨 것입니다. 아침에 일어나 전날 술 먹고 한 행동을 기억 못하는 사람이나, 색에 빠져 정신을 못 차린 책임을 다른 이에게 전가하려는 사람은 이 구절을 주목해야 합니다.

<ruby>酒<rt>주</rt></ruby><ruby>不<rt>불</rt></ruby><ruby>醉<rt>취</rt></ruby><ruby>人<rt>인</rt></ruby><ruby>人<rt>인</rt></ruby><ruby>自<rt>자</rt></ruby><ruby>醉<rt>취</rt></ruby>요 <ruby>色<rt>색</rt></ruby><ruby>不<rt>불</rt></ruby><ruby>迷<rt>미</rt></ruby><ruby>人<rt>인</rt></ruby><ruby>人<rt>인</rt></ruby><ruby>自<rt>자</rt></ruby><ruby>迷<rt>미</rt></ruby>니라.

술이 사람을 취하게 만든 것이 아니다. 사람이 스스로 술에 취한 것이다.

색이 사람을 유혹한 것이 아니다. 사람이 스스로 유혹에 빠진 것이다.

나라를 망하게 한 주왕이 아무리 자기 잘못이 아니라고 발뺌을 해도 잘못은 스스로 저지른 것입니다. 술은 사람을 취하게 하지 않습니다. 자신이 술에 취한 것입니다. 색이 사람을 유혹하는 것이 아니라 자신이 색의 유혹에 빠진 것입니다. 과도한 주색_{酒色}은 사람을 황폐하게 만듭니다. 옛사람들이 경계했던 것은 술 그 자체가 아니었습니다. 과도한 술을 마시고 언행을 함부로 하여 결국 파국에 이를 수도 있는 상황을 경계한 것입니다.

<ruby>渴<rt>갈</rt></ruby><ruby>時<rt>시</rt></ruby><ruby>一<rt>일</rt></ruby><ruby>滴<rt>적</rt></ruby>은 <ruby>如<rt>여</rt></ruby><ruby>甘<rt>감</rt></ruby><ruby>露<rt>로</rt></ruby>요 <ruby>醉<rt>취</rt></ruby><ruby>後<rt>후</rt></ruby><ruby>添<rt>첨</rt></ruby><ruby>盃<rt>배</rt></ruby>는 <ruby>不<rt>불</rt></ruby><ruby>如<rt>여</rt></ruby><ruby>無<rt>무</rt></ruby>니라.

목마를 때 한 방울의 물은 마치 감로수와 같다. 술 취한 후에 한 잔 더 마시는 것은 안 마시느니만 못하다.

『법화경』에 '술 한 잔은 사람이 술을 마시고, 두 잔은 술이 술을 마시고, 세 잔은 술이 사람을 마신다'는 구절이 있습니다. 술이 사람을 마시는 경지에 이르면 이미 인간의 경계는 허물어진 것입니다. 술이 감로_{甘露}가 되느냐 독약_{毒藥}이 되느냐는 절제 가능한 음주에 있습니다. 적절한 음주는 정신을 안정시키고 인간관계를 부드럽게 합니다. 갈渴은 갈증 난다는 뜻입니다. 갈증 날 때 한 방울一滴의 물은 달달한 이슬甘露 같지만, 술이 취醉하고 난 후 술잔盃을 더하는添 것은 건강에도 해롭고 인생에도 좋지 않습니다. 회식이 끝나고 거나하게 취해서 딱 한 잔만 더하자고 외치는 사람이 반드시 있습니다. 문제는 여기서부터 시작입니다. 1차 때 기분 좋게 마시고 헤어지면 아무런 문제도 없었을 일을 2차에서 술을 섞어 먹기 시작하고 3차에 가서는 더 이상 술이 아니라 독약을 마시게 됩니다. 정신이 혼미해져서 자신이 무슨 일을 하고 있는지도 모르게 됩니다. 그러나 술이 깨고 나서 전날 자신이 한 일을 후회하면 이미 때는 늦은 것입니다. 주변에 과음과 그로 인해 벌어지는 잘못된 행동 때문에 서로 얼굴을 붉히게 되고, 가정이 파탄 나는 지경에까지 이르는 것을 보면 안타깝습니다.

요즘 혼자서 술을 즐기는 '혼술족'이 늘어나고 있다고 합니다. 술 중에 가장 맛있는 술은 혼자 마시는 술이라는 말까지 있으니 이상한 일은 아니죠. 독작獨酌이야말로 가장 아름다운 술자리입니다. 상대방 눈치 보며 신경 쓸 일 없고, 상대방 빈 잔을 채우기 위해 눈을 바쁘게 굴리지 않아도 됩니다. 그저 내가 붓고 마시면서 하늘의 달과 꽃을 벗 삼아 마시는 술이 독작입니다. 이태백은「월하독작」이라는 시에서 혼자 술 마시는 즐거움을 이렇게 노래하고 있습니다.

月下獨酌

天若不愛酒 酒星不在天

하늘이 술을 사랑하지 않았다면 주성이란 이름의 별이 하늘에 있지 않았을 것이고

地若不愛酒 地應無酒泉

땅이 술을 사랑하지 않았다면 땅에도 주천이란 이름의 마을이 없었을 것이다.

天地旣愛酒 愛酒不愧天

하늘과 땅이 이미 이렇듯 술을 사랑했으니 내가 술을 사랑하는 것은 하늘에 부끄럽지 않은 일이다.

已聞淸比聖 復道濁如賢

이미 맑은 청주를 성인에 비유한다고 들었고 흐린 탁주를 현인과 같다고 말하였다.

聖賢旣已飮 何必求神仙

성현들도 이렇듯 마셨으니 어찌 다른 곳에서 신선 되는 방법을 구하려 하겠는가?

三杯通大道 一斗合自然
세 잔 술에 대도와 통하고 한 말 술에 자연과 합하니

但得醉中趣 勿爲醒者傳
이런 흥취는 취한 가운데서 얻는 것이니 술 깬 사람을 위하여 이 이야기를 전하지 마라.

하늘에 주성酒星이라는 별이 있는 것도, 땅에 주천酒泉이라는 고을 이름이 있는 것도 모두 하늘과 땅이 술을 사랑한다는 증거라고 이태백은 말합니다. 이태백의 논리에 입이 쩍 벌어집니다. 자신이 술을 마시는 이유를 우주의 원리에 빗대어 논리를 만들어내는 해학도 대단하지만 술을 통해 대도大道와 자연自然의 이치에 통달할 수 있다는 배포도 놀랍습니다. '성현이 무엇이더냐, 결국 청주와 탁주를 마시면 성현이 아니더냐?'라며 도학과 경전을 공부하는 것보다 술 마시는 것이 성현이 되는 지름길이라고 말하는 것은, 오로지 글방에만 박혀 골몰하고 있는 서생들의 메마른 감성을 조롱하는 듯합니다.

판단 判斷
욕심과 명예로부터 자유로워질 때 가능한 일

子曰 衆이 好之라도 必察焉하며 衆이 惡之라도
必察焉이니라.

공자가 말하였다. 많은 사람들이 좋다고 해도 내가 직접 살펴보고 판단하라. 많은 사람들이 싫다고 해도 내가 직접 살펴보고 판단하라.

무리하게 은행 빚을 얻어 아파트 청약을 받았다가 부동산 가격이 떨어지는 바람에 이러지도 저러지도 못하고 있는 사람들에게 왜 하필 그 시점, 그 아파트 분양을 받았냐고 물어보면 많은 사람들이 그 아파트에 분양받기 위하여 남들이 줄을 서기에 나도 줄을 섰다는 것입니다. 아파트 분양에 있어서 내 판단은 없었고 다른 사람의 판단만 믿었던 결과입니다. 신문과 방송은 나에게 유리한 판단의 근거를 제시하지 않습니다. 일부 언론은 그들에게 이익을 주고 자본을 주는 집단을 위해 봉사합니다. 그런데 사람들은 언론에 보이는 장밋빛 환상만 믿고 무리하게 선택하여 큰 화를 입고 맙니다. 그러고는 운이 없다든지, 정부가 정책을 잘못하였다든지 하는 구실과 이유를 만들어 자기 합리화를 하며 화를 냅니다. 문제는 내가 아무 고민 없이 남이 하는 대로 따라갔기 때문이지 다른 누구의 잘못이 아닙니다. 누구를 원망하기 전에 나를 돌아보는 것이 순서일 것입니다. 세상의 모든 판단과 결정은 오로지 자신의 몫입니다. 남의 판단에 근거하여 어리석은 판단을 내려서는 안 될 것입니다.

수험생의 경우, 대학을 선택할 때 상대적으로 취직이 잘되고 인기 있는 과를 선택하기보다는 인생 전반에 걸쳐 봤을 때 내가 잘할 수 있고 내가 행복할 수 있는 선택을 해야 합니다. 모든 사람들이 좋다고 하는 판단이 실제로는 틀리는 경우가 많습니다. 세상은 결국 내가 주체가 되어 결정해야지 타인의 눈과 가치에 내 판단을 맡겨서는 안 됩니다. 사람들이 정해놓은 길로 간다는 것은 내 인생의 주도권을 포기하는 일이며 내 삶을 지루하게 만드는 일입니다. 세상에는 정해진 길도 없고, 정답도 없습니다. 결국 자신의 판단하에 스스로 길을 걸어가야 합니다. 하늘 아래 모든 사람은 자기 문양을 갖고 자신만의 길을 걸어갑니다. 그것이 진정 하늘 같은 삶을 사는 사람의 모습입니다.

남이 나를 어떻게 생각하느냐에 대한 고민은 나를 더욱 힘들게 만듭니다. 갈수록 현대인들은 타인의 시선을 신경 쓰고, 타인의 목소리에 귀를 기울이며 살고 있습니다. 그러나 그 누구도 내가 생각하는 것만큼 나에 대해 관심을 갖지 않습니다. 남의 눈에 들기 위해 인생의 중요한 일들을 결정한다면 그것만큼 어리석은 일이 또 없습니다. 공자는 남이 나를 알아주지 않더라도 고민하거나 화내지 말라고 하였습니다. 남의 평가와 시선에 끌려다니는 인생을 살아서는 안 된다는 것입니다. 특히 내 이름 석 자 알리는 일이 중요한 인생 목표가 된다면 그 공명심 때문에 내 인생은 흔들리고 지치는 삶으로 전락하고 맙니다.

莊子曰 若人이 作不善하야 得顯名者는 人雖不害나
天必戮之니라.

장자가 말하였다. 만약 어떤 사람이 못된 짓을 하여 명예를 얻으려 한다면 사람이 비록 그를 제지할 수는 없지만 하늘이 반드시 그를 벌줄 것이다.

세상에 이름을 알리고 명예를 얻기 위하여 해서는 안 될 짓을 한다면 하늘이 반드시 그에 대한 처벌을 할 것이라는 경고입니다.

군인이 혁명을 일으켜 많은 사람을 죽이고 내 권력을 세우려는 판단을 한다면 아무리 지금 성공한다고 해도 훗날 하늘이 반드시 응징할 것입니다. 다른 사람을 죽인 피로 얻은 나의 승리는 영원하지 못할 것이 분명합니다. 공직자들이 명예를 얻기 위하여 무리하게 정책을 시행하거나 공권력을 남발한다면 그것 또한 공명심 때문에 순리에 어긋나는 행위를 하는 것입니다. 순리에 어긋난다는 것은 우주적 진리에 위배된다는 말입니다. 우주적 진리에 위배되는 행동은 결국 그에 따른 대가를 치르게 됩니다. 권력을 얻기 위해 군대를 동원하여 사람들을 해치고 정권을 잡은 사람들의 말로는 비참합니다. 부정과 협박을 통해 부를 축적하고 지위를 얻은 사람의 결과 역시 참혹합니다. 문제는 욕심은 줄일 수 있어도 명예는 피하기가 그리 쉽지 않다는 것입니다.

景行錄曰 保生者는 寡慾하고 保身者는 避名이니
無慾은 易나 無名은 難이니라.

『경행록』에 말하였다. 자신의 삶을 보존하려는 자는 욕심을 줄여야 한다. 내 몸을 보존하려는 자는 명예를 멀리해야 한다. 욕심을 없애는 것은 쉬우나 명예를 멀리하는 것은 어려운 일이다.

산속에 은거하여 욕심을 줄이고 사는 것보다 그 산속에서 누군가의 기억에서 지워지는 고독감을 견디는 것이 더욱 어려운 일이라고 합니다. 마음을 비우고 몸을 비워도 끝내 비우지 못하는 것이 명예에 대한 욕심입니다. 남이 나에게 불러주는 것이 이름이라면 그 이름은 나에게 그리 중요한 것은 아닙니다. 내가 나를 불러주는 것이 더 중요하기 때문입니다. 그런데 사람들은 남이 나를 불러주는 이름에 더욱 마음을 졸입니다. 좋은 학교 들어간 아이의 부모, 이번 승진에 발탁된 사람, 멋진 차와 좋은 집을 가진 누구, 늘씬한 몸매에다 명품 가방을 든 사람이라는 남들의 칭찬과 환호에 더욱 짜릿한 쾌감과 우월감을 느끼고 삽니다. 이러한 욕심들을 줄이는 일은 어쩌면 인간으로서 가장 내려놓기 힘든 마지막 결정일지 모릅니다. 채운 것이 성공이라면 채운 것을 비우는 것이 성공의 완성입니다. 그런데 그 비움조차도 남의 인정과 환호로써 선택하는 경우가 많습니다. 욕심과 명예로부터 자유로워지는 것이 진정한 나를 위한 판단을 할 수 있는 올바른 길입니다.

반성反省
춘풍추상, 남에게 관대하고 나에게는 엄격하게

曾子曰 吾日三省吾身하니 爲人謀而不忠乎아
與朋友交而不信乎아 傳不習乎아니라.

증자가 말하였다. 나는 날마다 세 가지로 내 몸을 반성하며 산다. 첫째 남을 위하여 일을 할 때 최선을 다했는가? 둘째 친구와 사귈 때 신뢰를 다했는가? 셋째 오늘 전해 들은 지혜를 완전히 내 몸으로 습득했는가?

증자는 공자의 제자 중에 가장 우둔하였지만 훗날 공자의 적통을 이어 공자의 수제자로 지명된 제자입니다. 그는 효孝를 삶의 근본으로 삼아 부모에게 자식으로서 최선을 다하고, 타인과의 관계에서 늘 신뢰와 믿음으로 대한다고 알려져 있었습니다. 증자는 하루하루 세 가지 항목으로 자신을 반성하며 살았습니다. 세 가지

반성의 요점은 내 업에 대한 진심, 타인과의 신뢰, 지식의 실천입니다. 무슨 일을 하든지 최선을 다하는 모습은 참으로 멋진 군자의 삶에 걸맞습니다. 비록 작은 일일지언정 내 마음과 진심을 다한다면 그 일은 무엇보다 위대한 일이 됩니다. 음식점 주인이 고객을 위해 정성으로 음식을 만들고, 미화원이 지나가는 사람들을 위해서 최선을 다해 청소하면 그것이 바로 아름다운 업을 실행하는 성자의 모습이 됩니다. 그저 월급이나 받고 남의 칭찬이나 얻으려고 요령을 부리는 사람은 직업의식이 없는 것입니다.

친구는 수평적 관계의 만남입니다. 그 만남에서 가장 중요한 것은 신뢰입니다. 신뢰를 저버린 친구 관계는 더 이상 유지하기 힘듭니다. 그리고 지식을 습득하고 삶에 반영하는 것 또한 증자에게는 중요한 반성의 항목이었습니다. 지식을 축적하는 일이 결코 남에게 과시하려는 것이 아니라 실천을 위함이라면 그 사람의 미래는 더욱 밝을 것입니다. 우리의 일상을 돌아봅니다. 하루하루 성찰과 반성으로 나의 삶을 이어나가고 있는지를 고민하며 사는 것, 참으로 중요한 삶의 자세입니다.

_{범 충 선 공} _{계 자 제 왈} _{인 수 지 우} _{책 인 즉 명}
范忠宣公이 戒子弟曰 人雖至愚나 責人則明하고
_{수 유 총 명} _{서 기 즉 혼}
雖有聰明이나 恕己則昏이니

범충선공이 자제들에게 경계하여 말하였다. 사람은 비록 어리석은 사람이라도 남의 잘못을 꾸짖는 데에는 명확하고, 비록 총명한 사람이라 해도 자신의 잘못을 용서하는 데에는 어둡다.

爾曹^{이조}는 但常以責人之心^{단상이책인지심}으로 責己^{책기}하고 恕己之心^{서기지심}으로
恕人^{서인}이면 則不患不到聖賢地位也^{즉불환부도성현지위야}니라.
너희들이 항상 남을 꾸짖는 명철한 마음으로 자신의 잘못을 꾸짖고, 자기를 용서하는 너그러운 마음으로 남을 용서한다면, 성현의 경지에 이르지 못함을 근심할 것이 없다.

범충선공은 송나라 때 재상을 지낸 인물이었습니다. 그가 그의 자손들에게 남긴 경계의 이 글은 많은 사람들이 공감하고 있습니다. 일반적으로 사람들은 다른 사람人의 잘못을 꾸짖을責 때는 명철明徹합니다. 그러나 자신의 잘못은 항상 너그럽게 이해하려고 합니다. 장기판에서도 훈수를 둘 때는 너무나 수가 잘 보입니다. 그러나 막상 자신이 장기를 두면 수를 읽지 못합니다. 멀리서 바라볼 때는 객관적으로 정확히 보이지만 자신의 상황이 되어 주관적으로 바라보게 되면 눈이 어두워지기 마련입니다. 그래서 남의 고민을 들어주고 자신 있게 조언을 해주던 사람도 막상 자신이 그런 상황에 부딪히면 어떻게 해야 할지 갈피를 못 잡는 경우가 많습니다. 남의 잘못을 지적하는 명철한 눈으로 자신을 바라보면 자신의

잘못을 정확히 알 수 있습니다. 반대로 자신의 잘못을 용서하는 너그러운 마음으로 남의 잘못을 용서해준다면 용서하지 못할 일은 아무것도 없습니다. 남에게 관대하고 나에게는 엄격한 사람이 진정 성숙한 사람입니다. '춘풍추상春風秋霜'이라는 말이 있습니다. 고 신영복 교수님께서 하신 말씀을 서각하여 제 연구실에 걸어놓은 글귀입니다. 다른 사람에게는 봄바람처럼 따뜻하게 대하고 나에게는 가을 서리처럼 냉정하게 대하라는 것입니다. 성현聖賢이나 성자는 어느 엄숙한 곳에 있는 특별한 사람이 아닙니다. 남에게 관대하고 나에게 엄격한 사람이 진정 성현이요, 성자일 것입니다. 남을 꾸짖기 전에 나를 먼저 돌아보고, 나를 용서하기 전에 남부터 용서하라! 이것이 진정 성숙한 군자요, 성인이요, 성자의 모습입니다.

겸손 謙遜
나를 높여주는 낮춤의 자세

子曰 聰明思睿라도 守之以愚하고 功被天下라도
守之以讓하고 勇力振世라도 守之以怯하고 富有四海라도
守之以謙이니라.

공자가 말하였다. 총명하고 생각이 뛰어나더라도 어리석음으로 자기를 지키고, 공이 천하를 덮을 만하더라도 양보로 자신을 지키고, 용맹과 힘이 세상에 떨칠지라도 두려움으로 자신을 지키고, 부유하기가 온 세상을 차지할 정도라도 겸손으로써 지켜야 하느니라.

인생을 살면서 네 가지四 지켜야守 할 것이 있습니다. 어리석음愚, 양보讓, 두려움怯, 겸손謙이 그것입니다. 똑똑한 사람이 어리석음을 지키며 살면 그 총명함이 더욱 빛납니다. 성공한 사람이 그 성공을 남에게 양보하면 또 다른 성공이 기다리고 있습니다. 힘 있는 사람이 두려움으로 상대방을 대하면 그 힘을 당해낼 자는 아무도 없습니다. 부유한 사람이 겸손한 자세로 자신을 낮춘다면 어느 누구도 그 사람의 부를 시기하거나 질투하지 않습니다.

세상에 똑똑한 사람은 많지만 똑똑한 빛을 감추고 어리석은 이처럼 처신하는 사람은 많지 않습니다. 그러나 빛이 너무 강하면 주변 사람들은 눈이 부셔서 가까이하기가 쉽지 않은 법입니다. '똑똑한 사람이 자신의 총명함을 감추고 어리석은 바보처럼 산다는 것이 진정 어렵다'는 뜻의 청나라 문인 정판교의 글 '난득호도難得糊塗'는 중국인들이 가훈이나 좌우명으로 애용하는 경구입니다. 세상은 소위 스펙이 좋고 머리가 명석하다고 해서 반드시 성공을 이루게 하지 않는다는 것이지요.

성공한 사람들의 문제점 중 하나가 그 성공에 집착하고 자신의 성공을 과시하는 것입니다. 성공의 완성은 양보입니다. 내가 비록 노력하여 공을 세웠더라도 한발 물러나서 다른 사람에게 그 공을 돌릴 때 모두의 박수를 받는 진정한 성취감을 맛볼 수 있습니다. '성공한 자여! 성공하였다면 몸은 그 성공에서 물러나야 한다功成身退' 노자의 『도덕경』 속 한 구절도 이를 잘 말해줍니다. 기업을 일으켜 사회에 환원하는 기업가나, 돈을 많이 벌어 세상 사람들과 나누는 사람들이 진정 성공한 사람들인 것입니다.

진정 강하고 힘센 사람은 자신의 힘을 과시하지 않습니다. 오히려 늘 상대방을 두려워하고 자신을 낮추며 자신의 강함을 지켜나갑니다. 『도덕경』에 '강함'에 대한 구절이 있습니다. '남을 이기는 것은 힘이 센 것이다. 나를 이기는 것이 진정 강한 것이다.' 남을 무시하고 경시하여 자신의 힘을 자랑하는 사람은 그저 힘만 센 사람입니다. 자신의 강함을 감출 줄 알고 상대방을 배려하고 존중할 수 있는 사람이 진정 강한 사람이라는 뜻입니다.

부자가 되고 싶은 마음은 살면서 누구나 한번쯤은 가져봅니다. 그리고 부유한 삶을 누리기 위해 자기만의 노력을 합니다. 부자가 되고나면 사람들의 따가운 시선을 받기도 합니다. 자신이 소유하지 못한 것을 가진 사람에 대한 상대적 박탈감과 부러움이 질투와 시기로 표출되는 것입니다. 그래서 부자는 더욱 겸손해야 합니다. 자신이 가진 것을 나눌 줄 알고, 상대방을 충분히 존중하고 배려해야 합니다. 최고의 만석꾼으로 불리는 '경주 최부자집'은 엄청난 부를 쥐고 있었음에도 스스로를 낮추며 진정한 노블레스 오블리주를 실천해 아직까지도 인구에 회자되고 있습니다.

인생을 살면서 지켜야 할 네 가지, 인생사수人生四守.

총명한 자여, 어리석음으로써 그 총명함을 지켜라! 성공한 자여, 그 공을 남에게 돌림으로써 그 성공을 지켜라! 힘세고 강한 자여, 상대방을 존중하고 배려함으로써 그 강함을 지켜라! 부자가 된 자여, 그 부를 주변과 나누고 검손하게 낮춤으로써 그 부를 지켜라!

^{소서운} ^{박시후망자} ^{불보} ^{귀이망천자} ^{불구}
素書云 薄施厚望者는 不報하고 貴而忘賤者는 不久니라.

『소서』에 말하였다. 남에게 야박하게 베풀고 나에게 후하게 대접하기를 바라는 사람에게는 응답이 없을 것이고, 내 몸이 귀하게 되어 힘들고 어려웠을 때를 잊고 사는 자는 그 귀함이 오래가지 못할 것이다.

내가 준 것은 하나인데 상대방에게 둘을 받을 생각을 해서는 안 됩니다. 내가 베푼 만큼 돌아오는 것이지, 내가 베풀지도 않고 상대방이 나에게 줄 것을 기대해서는 안 됩니다. 베풀 때는 야박하게 베풀어놓고 받을 때는 후하게 받으려고 한다면 욕심입니다. 남에게 무엇을 받을까를 고민하지 말고 내가 상대방에게 해줄 수 있는 게 무엇인지 먼저 고민해야 합니다. 선행은 그저 인간의 기본을 실천하는 일이기에 그 선행 자체로 행복하고 의로운 일입니다. 선행은 베풀 때 이미 마음이 행복하기 때문에 그것으로 보상을 받은 것입니다. 어떤 사람은 본인이 해준 만큼 받지 못했다고 아쉬워합니다. 내가 준 것이 받은 것보다 훨씬 크다고 생각하는 마음이 앞서기 때문입니다. 상대방에게 준 것은 그 순간 바로 잊으십시오. 훗날 누군가 내가 베푼 것에 대하여 갚으려고 하면 그저 고

마울 뿐인 것입니다.

성공한 사람이 힘들고 어려웠을賤 때를 잊고忘 산다면 그 성공이 오래ㅅ가지 못할不 것입니다. 개구리 올챙이 적 생각 못한다는 속담이 있습니다. 지난날 힘들고 어려웠을 때를 늘 기억하며 겸손으로 지금의 자리와 성공을 지켜나가야 합니다. 어려움을 극복하고 성공한 사람들 중에 자만과 교만으로 그 성공을 하루아침에 잃는 경우가 많습니다.『명심보감』에는 유교儒敎적 사유, 불가佛家의 사유도 많이 담겨 있지만 도가적 사유도 많은 부분을 차지합니다. '낮춰라', '겸손하라', '비워라'는 도가 철학이 주장하는 가치입니다.

施恩이어든 勿求報하고 與人이어든 勿追悔하라.
은혜를 베풀었다면 보답을 구하지 말고, 남에게 주었거든 후회하지 마라.

은혜는 상대방에 대한 공감에서 시작됩니다. 상대방의 처지에서 그의 어려움을 공감하고 내 능력껏 은혜를 베풀었다면 그 자체가 행복한 일입니다. 내가 가지고 있는 것을 누구에게 준다는 것은 아름다운 일이기에 후회하거나 안타까워할 필요가 없습니다. 주는 순간 기쁨을 느끼고, 베푸는 순간 이미 행복을 얻은 것입니다. 그것으로 명예와 존경, 인정을 받고자 한다면 은혜의 가치는 떨어지게 됩니다.

孫思邈曰 膽欲大而心欲小하고 知欲圓而行欲方이니라.
손사막이 말하였다. 담력은 크고자 하되 마음가짐은 섬세하고자 하고,
지혜는 원만하고자 하되 행동은 방정하고자 하라.

담력이 큰 것을 자랑하는 사람이 있습니다. 세상에 어떤 것도 두려울 것이 없다고 자랑합니다. 그러나 담력은 셀지 모르지만 상대방에 대한 은근한 배려는 할 줄 모르는 경우가 많습니다. 그저 자신이 강하다고 남에게 으름장만 놓는 것이죠. 큰 담력으로 생기는 용기와 남의 입장에서 생각할 줄 아는 마음 씀씀이를 함께 가진 사람이라면 더할 나위 없을 것입니다.

지혜가 원만하다 보면 웬만한 일은 적정한 선에서 해결하려는 경향이 있습니다. 해서는 안 될 일을 보고도 아무 말 없이 넘기게 될 수도 있습니다. 하지만 반듯한 행동을 꼭 필요로 할 때가 있습니다. 아닌 것을 아니라고 판단하고 바로잡을 수 있는 용기가 필요합니다. 원만함에 원칙을 지키는 반듯함이 있다면 금상첨화겠지요. 초나라 항우는 용기도 있었지만 사랑하는 사람에게 따뜻한 마음을 베풀 줄 알았습니다. 황희 정승은 원만하게 국사를 처리했지만 때로는 추상같은 결정으로 사람들에게 원칙이 있다는 것을

보여주었습니다. 담력과 따뜻함, 원만함과 단호함, 어느 한쪽으로 치우칠 수 없이 필요한 삶의 가치입니다.

念_염念_염要_요如_여臨_림戰_전日_일하고 心_심心_심常_상似_사過_과橋_교時_시니라.
생각마다 싸움터에 나아가는 것처럼 임해야 하고, 마음마다 늘 다리를 건널 때와 같이 해야 하느니라.

하루하루를 사는 것은 긴장의 연속입니다. 긴장이 풀리는 순간 사고가 터지고 위험이 발생합니다. 그리하여 아침에 밖을 나설 때는 마치 전쟁터에 나가듯 단단히 정신 무장을 하고 나서고, 어떤 일을 할 때마다 다리를 건너듯 조심스럽게 살펴야 합니다.

『명심보감』에는 다양한 시선의 생각이 들어 있습니다. 때로는 마음을 비우고 편안하게 살라고 하지만, 때로는 조심하고 경계하라고 강조합니다. 비우려면 채워야 하고, 채우려면 노력해야 합니다. 노력하려면 조심하고 경계해야 합니다. 그러니 노력해서 채우지도 않고 비우는 시늉만 한다면 그 비움은 거짓된 비움입니다. 유감스럽게도 어떤 사람들은 채움도 없이 비움을 이야기하고, 승리도 없이 겸손을 남발합니다. 비움과 겸손은 채움과 승리를 기반으로 한다는 사실을 잊지 말아야 합니다.

^{구 법 조 조 락} ^{기 공 일 일 우}
懼法朝朝樂이요 欺公日日憂니라.

법을 두려워하면 아침마다 즐거울 것이요, 공적인 일을 속이면 날마다 근심할 것이다.

법을 준수하며 사는 일이 때로는 적지 않은 불편함을 가져다줍니다. 특히 권력의 힘을 누리고 있을 때, 법을 지키는 것은 더욱 어렵습니다. 지금의 힘을 믿고 법을 어긴다면 반드시 그만큼의 대가를 치르게 됩니다. 힘이 있든 없든 늘 법을 두려워할 줄 알아야 평생 떳떳하게 살 수 있을 것입니다. 당장 눈앞의 진실을 가린다고 해서 본질적인 잘못이 없어지는 게 아니라는 것을 우리는 알고 있습니다. 한마음으로 준법정신을 가지고 살아갈 때 더불어 상식이 통하는 삶을 살아갈 수 있습니다.

공부工夫
어두운 인생길 밝히는 등불

黃金千兩이 未爲貴요 得人一語가 勝千金이니라.
황금 천 냥이 귀한 것이 아니요, 사람의 좋은 말 한마디를 듣는 것이 천금보다 낫다.

인생을 살며 내 영혼을 울리는 말을 듣는 것은 행복한 일입니다. 그 한마디가 내 삶의 마디를 바꿀 수 있기 때문입니다. 황금을 얻는 것보다 좋은 말 한마디 듣는 것을 더욱 소중히 여기라는 이 글은 많은 이들의 공감을 받아왔습니다. '황금 천 냥과 좋은 말 한마디'가 비교 대상으로는 적절치 않다고 볼 수도 있습니다. 그러나 돈보다 더 중요한 것이 삶의 가치를 새기는 일임을 알려준다는 면에서 충분히 가치 있는 글입니다.

子夏曰 博學而篤志하고 切問而近思면 仁在其中矣니라.

자하가 말하였다. 넓게 배우고 뜻을 독실하게 갖고, 간절하게 묻고 가까운 곳에서 답을 찾으려 고민한다면 '인'이 그 가운데 있다.

　자하는 공자의 제자 중에서 명석하기로 열 손가락 안에 드는 사람입니다. 아들이 먼저 죽어 슬피 울다못해 눈이 멀어버렸다고도 알려져 있습니다. 자하는 시詩와 예禮에 대한 지식이 남달랐으며 공자의 제자 중에서 공부로 뛰어나다고 알려져 있습니다. 그가 말하는 공부의 4가지 항목은 박학, 독지, 절문, 근사입니다. 박학博學은 넓게博 배운다學는 뜻입니다. 배움은 넓이가 중요합니다. 배 넓이 30센티의 김장독을 묻을 때 30센티만큼만 흙을 파서는 제대로 묻을 수 없습니다. 40센티 정도로 넓게 파야 비로소 제대로 묻을 수 있습니다. 배움이 넓지 않으면 안목도 낮아집니다. 세상을 바라보는 눈이 편협하면 진실을 제대로 볼 수 있는 지혜를 얻지 못합니다. 일례로 스티브 잡스는 대학을 자퇴하고 여러 분야에 폭넓게 관심을 가졌다고 합니다. 서체학을 비롯해 다양한 학문을 섭렵한 경험이 훗날 애플의 창업에 기초가 되었다고 합니다. 학제를 넘나드는 넓은 학문적 경험이 큰 밑거름이 된 것이죠. 독지篤志는 뜻을 단단히 세우는 것입니다. 내가 가진 목표를 명확히 하고 그 뜻을 잃지 않는 것입니다. 절문切問은 간절하게 묻는 것입니다.

묻지 않으면 답도 없습니다. 물음이 간절하지 않으면 간절한 답도 없습니다. 고민하고 생각하고 도저히 답을 찾을 수 없을 때 간절하게 물으면 답은 그제야 가슴속으로 다가옵니다. 근사近思는 도출한 답을 내 삶에 가깝게 반영하는 것입니다. 공부는 형이상학적이고 막연한 물음과 씨름하는 것이 아니고 지금 내 삶에서 벌어지는 구체적이고 다양한 문제들을 해결하기 위해 필요한 실체입니다. 넓게 배우고, 뜻을 단단히 세우고, 간절하게 물어서 내 삶 속에 반영할 때 비로소 공부의 완성이 이루어졌다고 할 것입니다. 자하는 이 네 가지 공부의 항목을 말하면서 그 공부의 마지막 목표는 인仁이라고 말합니다. '인'은 인간답게 사는 것입니다. 인간답게 사는 것이 '인'의 실천입니다. 남의 불행을 공감할 줄 아는 마음, 부끄러움을 아는 마음, 가진 것을 나눌 줄 아는 마음, 옳은 것을 판단할 줄 아는 마음을 실천하는 삶이 '인'입니다.

莊子曰 人之不學은 如登天而無術이니라. 學而智遠이면 如披祥雲而覩靑天하고 登高山而望四海니라.

장자가 말하였다. 사람이 배우지 않으면 하늘에 오르려는데 방법이 없는 것과 같다. 배워서 지혜가 원대해지면 상서로운 구름을 헤치고 푸른 하늘을 보고 높은 산에 올라 사해를 바라보는 것과 같다.

사람이 저지르는 많은 잘못은 무지無知에서 시작됩니다. 내가 상대방의 가슴을 아프게 한다는 것을 모르기에 상대방의 가슴에 못을 박게 되고, 내 행동이 어떤 해악을 가져올지 모르기에 그릇된 일을 하게 됩니다. 배움은 무지를 깨고 지혜로운 삶을 살기 위한 가장 중요한 방법입니다. 배움을 통해 지혜가 넓어지고, 지혜를 통해 진실을 볼 수 있는 눈을 갖게 됩니다.

禮記曰 玉不琢이면 不成器하고 人不學이면 不知義니라.
『예기』에 말하였다. 아무리 좋은 옥의 원석도 다듬지 않으면 좋은 옥기가 되지 못할 것이고, 사람도 배우지 않으면 인간의 도리를 알지 못하고 살게 된다.

아무리 아름다운 옥玉이라도 제대로 가공하지 않으면 영롱한 빛을 띨 수 없습니다. 옥은 4단계의 공정을 거친다고 합니다. 자르고切 썰고磋 쪼고琢 가는磨 과정을 거쳐야 비로소 제 빛깔을 드러내며 명품으로 태어납니다. 바로 절차탁마切磋琢磨하는 과정입니다. 사람도 훌륭한 인재가 되려면 이렇듯 갈고닦는 과정을 거쳐야 하는데 그것이 공부와 학습입니다. 아무리 선한 본성과 뛰어난 머리, 재주를 갖고 태어났다 해도 제대로 학습하지 않으면 인간의 도리를 모르고 삽니다. 의義는 인간이 지켜야 할 마땅한 도리입니다. 지의知義는 인간의 도리를 알고 사는 것입니다. 사람이 배우지 않으면 '부지의不知義', 무엇이 올바른 길인지 알지 못하고 살게 됩니다. 겉모습은 인간의 형태라 할지라도 그에 걸맞은 내면을 갖추지 못한다면 더 이상 인간이라고 할 수 없습니다. 호모 사피엔스, 지구에서 가장 적응 능력이 뛰어난 이 존재의 생존 비밀은 바로 학습하는 데 있다고 할 것입니다.

太公曰 人生不學이면 冥冥如夜行이니라.
태공이 말하였다. 사람이 배우지 않으면 어둡고 어두운 가운데 밤길을 걸어가는 것과 같다.

강태공은 『명심보감』에 자주 등장하는 인물들 중 한 사람입니다. 강태공의 인용 구절은 강한 인상을 남깁니다. 상나라 주왕의 폭정을 피해 속세를 떠나 위수渭水에서 낚시를 하며 시대를 기다리고 있었던 강태공은 주周나라 문왕文王을 만나면서 그의 능력을 발휘합니다. 결국은 상나라를 멸망시키고 주나라 혁명을 성공시킨 영웅으로 사람들의 주목을 받습니다. 본명은 강상姜尙, 혁명이 성공한 후 제齊나라 제후가 되었습니다. 『육도六韜』라는 병법서를 지었다고 알려져 있는데, 무경칠서武經七書의 하나로서 동양의 병법서의 근간이 된 책입니다. 강태공의 짧은 한마디, "사람이 배우지 않으면 그의 인생이 어두운 밤길을 가는 것과 같다!" 이 구절은 왜 배움이 중요한지 명확하게 알려줍니다. 사람이 배우지 않으면 무지의 삶을 산다는 것입니다. 한 치 앞도 안 보이는 밤길을 걸어간다고 생각해보십시오. 앞에 장애물이 놓여 있는지, 함정이 있는지 전혀 모르는 상황에서 결국 위험에 빠지고 말 것입니다. 어두운 밤길을 가려면 밝은 등불이 있어야 하듯이, 인생을 제대로 살아가려면 지혜의 등불이 필요합니다.

韓文公曰 人不通古今이면 馬牛而襟裾니라.
한문공이 말하였다. 사람이 역사에 통달하지 못하면 말과 소에 옷을 입혀놓은 것과 같다.

한문공은 당나라의 문장가로 본명은 한유韓愈입니다. 일명 당송팔대가 중에 한 사람으로 꼽히는 분입니다. 이 문장의 의미는 사람이 배우지 않으면 결국 짐승과 다를 바가 없다는 것입니다. 비록 옷을 입고, 인간의 모습을 하고 있지만 배움이 없이 산다는 것은 결국 짐승과 같다는 것이지요. 여기서 배움은 고금古今에 대한 통찰입니다. 고금은 역사를 의미합니다. 역사란 지나간 과거와 현재에 벌어지는 사건의 맥락입니다. 역사는 인간의 본질과 대처 방식, 미래에 대한 예측을 배우는 일입니다. 사서오경 중에 『춘추春秋』

는 노魯나라 242년의 역사를 기록한 책이며, 『사기史記』는 사마천이 중국 한 무제武帝 이전 3천여 년의 역사를 기록한 책입니다. 우리 민족에게도 『삼국사기』, 『삼국유사』, 『고려사』, 『조선실록』 같은 역사책이 있습니다. 역사를 공부하는 것은 단순한 지식의 축적이 아니라 인간이 어떻게 살아야 하는지 지혜를 쌓는 일입니다.

주문공왈 가약빈 불가인빈이폐학
朱文公曰 家若貧이라도 不可因貧而廢學이요

주문공이 말하였다. 집이 만약 가난하더라도 가난 때문에 배움을 포기해서는 안 된다.

가약부 불가시부이태학
家若富라도 不可恃富而怠學이니

집이 만약 부유하더라도 부유함을 믿고 학문을 게을리해서는 안 된다.

빈약근학 가이입신 부약근학 명내광영
貧若勤學이면 可以立身이요 富若勤學이면 名乃光榮이니라

만약 가난한 자가 부지런히 배운다면 출세할 수 있을 것이요, 만약 부유한 자가 부지런히 배운다면 이름이 더욱 빛날 것이니라.

유견학자현달 불견학자무성
惟見學者顯達이요 不見學者無成이니라

오직 배운 자가 훌륭해지는 것을 보았으며, 배운 자가 성공하지 못하는 것은 보지 못했다.

^{학 자} ^{내 신 지 보} ^{학 자} ^{내 세 지 진}
學者는 乃身之寶요 學者는 乃世之珍이니라

배움이란 곧 몸의 보배요, 배운 사람은 곧 세상의 보배이다.

^{시 고} ^{학 즉 내 위 군 자} ^{불 학 즉 위 소 인}
是故로 學則乃爲君子요 不學則爲小人이니
^{후 지 학 자} ^{의 각 면 지}
後之學者는 宜各勉之니라.

이 때문에 배우면 군자가 되고 배우지 않으면 소인이 될 것이니, 훗날 배우는 자는 마땅히 각각 배움에 힘써야 한다.

주문공은 성리학의 완성자라고 알려져 있는 주희朱熹입니다. 그의 시호가 문공文公이기 때문에 주문공이라고 하지요. 남송의 학자로 알려져 있는 주희를 우리는 높여서 주자朱子라고도 부릅니다. 그가 완성한 성리학을 주자학朱子學이라고도 하지요. 주자는 인간은 배움을 통해 무지에서 자유로워지고, 인간과 우주의 원리를 꿰뚫어 완성된 인간으로 살아갈 수 있다고 생각하였습니다. 그의 말에 따르면 배움을 방해하는 요소 중에 가난과 부유함이 있습니다. 가난은 가난 그 자체가 배움을 포기하게 만드는 이유가 되고, 부유함은 자칫 부유함에 기대어 공부를 게을리할 수 있기 때문입니다. 특히 부잣집에서 금수저를 물고 태어난 사람은 특별히 배움에 대한 동기가 크지 않을지 모릅니다. 배움을 통해 출세를 해 돈을 벌거나 배움을 통해 남에게 나를 알릴 필요가 없다고 생각하는 것이죠.

그러나 공부를 통해 가난한 사람은 새로운 나의 모습을 만들고, 부자는 한층 성숙한 인간으로 변모할 수 있습니다. 그래서 배움은 빈자에게든, 부자에게든 반드시 필요합니다. 그런 의미에서 주문공의 말처럼 공부를 성공의 수단으로 보기보다는 내 인생의 무지를 깨고, 지혜를 얻기 위한 방편으로 본다면 배움을 즐기는 삶을 살 수 있지 않을까 생각합니다.

제 2 장

관계의 결을 다스리는 한마디

인내忍耐
내 마음은 빈 하늘일 뿐

忍一時之忿이면 免百日之憂이니라.
한때의 분노를 참는다면 백일의 근심을 면할 수 있을 것이다.

인생에서 가장 경계해야 할 것이 있다면 '분노'입니다. 한순간의 분노는 내가 쌓아온 삶에 구멍을 내고 나아가 주변 사람들의 삶도 시들게 만듭니다. 분노의 종류는 여러 가지입니다. 남이 나에게 주는 모욕에 대한 분노, 하고자 했던 일이 제대로 이루어지지 않았을 때의 분노, 상대방의 행동이 못마땅할 때의 분노, 사랑하는 이가 실망스러운 행동을 할 때의 분노 등 그 종류는 정말 다양합니다. 인간은 어쩌면 분노를 중심으로 희로애락喜怒哀樂의 감정에 지배를 받는 동물인가 싶기도 합니다. 그런데 인간의 다양한 감정 중에서 분노는 장기적인 후유증이 다른 어떤 감정보다도 유독 강합니다. 순간을 참지 못해 내뿜은 분노가 상대방의 인생 전체를 시들게 만들 수도 있습니다. 특히 나에 대한 기대치가 높았던 사람이라면 더욱 그러할 것입니다. 분노는 상대방의 몸을 상하게도 합니다. 분노가 극에 달하면 이성보다 몸이 움직이게 되고, 결국 돌이킬 수 없는 잘못을 할 수도 있습니다. 옛날부터 어머니들은 밥상머리에서 늘 참으라는 말씀을 들려주셨습니다. "참는 것이 인간이다. 동물은 참지 못한다. 네가 분노를 참지 못한다면 인간이 아니라 동물인 것이다. 어떤 순간에도 일단 참고 생각하고 행동해라. 그것이 진정 대장부의 모습이다." 인생을 살면서 분노가 일 때마다 그 분노를 누그러뜨리는 촉매제가 되었던 말입니다. 경험 많으신 어머니는 잠깐의 분노가 훗날 얼마나 깊은 아픔을 남기게 되는지 잘 알고 계신 것이지요.

<small>득 인 차 인　　　　 득 계 차 계　　　　 불 인 불 계　　　 소 사 성 대</small>
得忍且忍이오 **得戒且戒**하라 **不忍不戒**면 **小事成大**니라.
한 번 참았다면 또 참아라. 한 번 조심했다면 또 조심해라. 참지 못하고 조심하지 못한다면 작은 일이 큰일로 번질 수 있다.

세상에 큰 어려움은 결국 한때의 분노를 참지 못해 일어난다는 말입니다. 한 번 참았다면 끝까지 참아야 합니다. 한 번 조심했다면 끝까지 경계를 늦추지 말아야 합니다. 참을 만큼 참았다고 결국 분노를 터뜨린다면 애초부터 참지 못한 것과 같습니다. 백 번 참다가 한 번 터뜨리면 결국 못 참은 것입니다. 백 번 조심했다가 단 한 번 조심하지 못하였다면 조심하지 못한 것입니다. 결국 인내와 경계는 한 번 해서 될 일이 아니라 마지막까지 지속해야 비로소 빛을 보는 것입니다.

우 탁 생 진 노　　개 인 리 불 통　　　휴 첨 심 상 화
愚濁生嗔怒는 皆因理不通이라 休添心上火하고
지 작 이 변 풍
只作耳邊風하라.

어리석고 성품이 못된 사람이 아무 이유 없이 화를 내거나 분노한다면 모두 이치를 몰라서 그러려니 생각하라. 내 마음속에서 타오르는 불을 끄고 그저 귓가를 스치는 바람이려니 생각하라.

살다보면 도저히 이해되지 않는 상대방의 분노가 있습니다. 도대체 화를 낼 일도 아닌데 나에게 침을 튀겨가며 화를 내는 사람을 어찌할까요? 상대방의 이유 없는 분노에 덩달아 화를 낸다면 결국 똑같은 사람이 되고 맙니다. 대부분의 경우, 사람들의 분노는 스스로 만들어낸 것입니다. 본인이 만들어낸 분노에 소리를 지르고 몸을 떠는 모습을 보더라도 침묵과 무관심으로 흘려보내야 내 마음이 편안합니다. 상대방의 목소리와 얼굴 표정 하나하나에

신경을 쓰다보면 결국 내 마음에도 분노의 물결이 일어날 수밖에 없습니다. 귀를 스치는 바람은 잠시 나를 건드리지만 시간이 지나면 아무 일도 없었다는 듯이 사라지고 맙니다. 상대방의 분노를 귓가를 스치는 바람처럼 여긴다면, 그 바람은 지나가면 그뿐 나에게 아무런 영향도 끼치지 않을 것입니다. 참으면 이깁니다. 이긴다는 것은 경쟁이 아니라 모든 문제가 해결된다는 것입니다.

_{경행록운 굴기자   능처중   호승자   필우적}
景行錄云 屈己者는 能處重하고 好勝者는 必遇敵이니라.

『경행록』에 이르기를, 나를 굽히는 사람은 중요한 자리에 처할 수 있고, 남 이기기를 좋아하는 사람은 반드시 적을 만나게 된다.

겸손은 강한 사람의 가장 위대한 선택입니다. 분노를 참고 남에게 겸손한 태도를 보이는 것은 큰사람이 되기 위하여 반드시 필요한 덕목입니다. 남과 경쟁하여 이기려는 마음이 인간의 당연한 본능이지만 겉으로 드러내지 않고 겸손과 양보로써 몸가짐을 했을 때 진정 위대한 승리를 얻을 수 있습니다. 굴기屈己는 나를 굽히는 일입니다. 남에게 양보하고, 상대방의 의견을 존중하고 나를 낮추는 것이 '굴기'입니다. 호승好勝은 남과 싸워 이기는 것을 좋아하는 성미입니다. 남과 비교하여 누가 더 좋은 차를 가졌는지, 누가 더 옳은지를 끊임없이 경쟁하여 이기려는 사람은 '호승'하는 사람입니다. 이런 사람들은 강한 경쟁심이 마음속에 가득 차서 남에게 지는 것을 싫어합니다. 굴기의 사람과 호승의 사람 중에 어떤 이가 될 것인가? 이기는 것은 결국 순간일 뿐, 영원한 승리는 아닙니다. 내가 남이 아니라 스스로를 이겼을 때 진정한 승리인 것입니다.

我_아若_약被_피人_인罵_매라도 佯_양聾_농不_불分_분說_설하라 譬_비如_여火_화燒_소空_공하여
不_불救_구自_자然_연滅_멸이라 我_아心_심은 等_등虛_허空_공이어늘 摠_총爾_이飜_번脣_순舌_설이니라.

내가 만약 다른 사람에게 욕을 먹더라도 귀먹은 양 그 말에 대꾸하지 마라. 비유하면 허공에 붙은 불은 끄려 하지 않아도 저절로 꺼진다. 내 마음은 허공과 같으니 모두 너의 입만 힘들게 움직일 뿐이다.

살다보면 아무 이유 없이 누군가 나에게 욕을 하거나, 안 보이는 곳에서 나를 험담할 수 있습니다. 이런 말을 들을 때마다 일일이 대처한다면 결국 내 마음에 상처만 하나씩 늘어날 것입니다. 상대방이 하는 말의 의도를 분석하려고 들면 상상 속에서 전혀 다른 모습으로 왜곡됩니다. 상대방이 하는 말이 논리적이지 못할 경우, 그저 못 들었다고 생각하면 마음이 편안해집니다. 소문과 근거 없는 말에 귀를 기울여 속을 썩이지 말고 편안하게 내버려두면 소문은 제 풀에 지쳐 사라지게 됩니다. 누가 나를 욕했다는 말을 제삼자에게 전해 듣고 발끈하는 것은 나에게 아무런 도움이 되지

못합니다. 매罵는 욕한다는 뜻입니다. 누군가 나의 험담을 하고 다닌다는 것입니다. 롱聾은 귀를 먹은 것입니다. 상대방의 말에 귀가 안 들린다는 듯이 마음에 두지 말라는 것입니다.

아심허공我心虛空! 내 마음은 빈 하늘이다! 바람이 지나가면 지나가는 대로, 구름이 흘러가면 흘러가는 대로 내버려둔다면 괜히 속 썩을 이유가 없습니다. 세상이 공空인 것을 알고 매사에 일희일비 않고 사는 것이 완숙한 인간입니다.

효행孝行
사랑은 내리사랑이라는 변명

詩曰 父兮生我하시고 母兮鞠我하시니 哀哀父母여
生我劬勞삿다 欲報深恩인대 昊天罔極이로다.

『시경』에 말하였다. 아버님 나를 낳으시고. 어머님 나를 기르셨네. 슬프고 슬프다 부모님이여. 나를 낳아 기르시느라 고생 많으셨네. 그 깊은 은혜 갚고 싶지만 하늘처럼 높고 높아 끝이 없어라.

풍수지탄風樹之嘆이라는 말이 있습니다. 자식이 부모를 봉양하려고 하나 이미 돌아가셔서 효도할 수 없음을 탄식한다는 뜻입니다. 부모는 있을 때 잘해야지 먼 훗날 성공한 후에 효도하려 하면 부모는 더 이상 우리 곁에 계시지 않습니다. 그래서 자식들은 늘 부모가 돌아가시고 난 후에 후회하고 눈물을 흘립니다. '나실

제 괴로움 다 잊으시고……' 어버이날 부르는 노래 가사가 유래된 『명심보감』 구절입니다.

『시경詩經』은 중국 역사상 가장 오래된 시가집으로서 당대 사람들의 진솔한 마음이 그대로 반영되어 있습니다. 요즘 우리가 부르는 대중가요 가사를 보면 이 시대를 사는 사람들의 생각과 애환이 그대로 담겨 있습니다. 시는 노래 가사입니다. 노래 가사는 사람들이 살아가는 소리입니다. 공자는 이런 솔직한 대중들의 소리를 '사무사思無邪'라고 정의하였습니다. '생각思에 속임邪이 없다無'는 것입니다. 나의 감정을 속이지 않고 부르는 노래라는 뜻입니다. 그 나라 사람들의 정서를 이해하려면 그 나라 유행가 가사를 보면 안다고 합니다. 그 시대를 이해하려면 그 시대 사람들의 시를 읽으면 이해가 된다고도 합니다. 많은 노래는 사랑을 주제로 했을 테고, 부모와 자식에 대한 주제도 많을 것입니다.

『시경』에 나오는 노래 가사를 현대적으로 옮기면 이렇게 되지 않을까요? '아버님 나를 낳으시고, 어머님 나를 기르셨네요. 우리 부모님 얼마나 고생 많으셨나요? 이제, 그 고생 제가 갚아드릴게요. 아아! 그런데 당신의 큰 은혜, 어찌 갚을 수 있을까요? 이제는 세상에 안 계신 우리 부모님!' 그야말로 신파조 노래 가사입니다. 〈비 내리는 고모령〉의 가사는 저리 가라입니다. 그런데 아버지는 나를 낳고生, 어머니는 나를 기르셨다鞠는 가사는 왠지 눈에 걸립니다. 차라리 어머님이 나를 낳고 아버님이 기르셨다고 해야 맞는 것이 아닌가요? 전통적인 부모관은 아버님이 씨를 뿌려 나를 낳고, 어머님이 그 씨를 배양하여 나를 기르셨다는 것입니다. 어쨌든 부모님의 그 은혜는 다른 어떤 은혜보다도 깊고 큰 것입니다. 하늘昊天보다도 더 커다란 은혜이기에 갚을 방법이 없는 것입니다.

부모의 은혜를 보답하는 방법은 일시적인 것이 아닙니다. 내 인생에 끊임없이 남아 있는 숙제입니다. 부모 슬하에 있든, 부모를 모시든, 부모가 돌아가시든 어떠한 순간에도 부모의 은혜를 잊어서는 안 된다는 것입니다. 영원히 수행해나가야 할 의무가 바로 효도입니다.

자 왈 효 자 지 사 친 야　　거 즉 치 기 경　　양 즉 치 기 락
子曰 孝子之事親也에 居則致其敬하고 養則致其樂하고

공자가 말하였다. 효자가 부모를 섬기는 방법은 부모 슬하에 거할 때는 자식으로서 공경을 다할 것이요, 부모를 봉양할 때는 부모의 즐거움을 다해야 할 것이요,

병 즉 치 기 우　　상 즉 치 기 애　　제 즉 치 기 엄
病則致其憂하고 喪則致其哀하고 祭則致其嚴이니라.

부모가 병이 들었을 때는 자식으로서 근심을 다해야 할 것이요, 부모를 잃었을 때는 자식으로서 슬픔을 다해야 할 것이며, 부모의 제사를 지낼 때는 자식으로서 엄숙함을 다해야 한다.

내 평생 부모를 위해 최선을 다하는 것이 '효도'입니다. 경敬은 공경입니다. 자식으로서 공경은 평생 지속되어야 합니다. 공경 없이 좋은 음식에 비싼 물건 등으로 물질적 봉양만 한다면 자신이 아끼는 말이나 개에게 하는 것과 다를 것이 없다는 공자의 지적처럼 효도의 기본은 공경입니다. 즐거움樂의 주체는 부모입니다. 어떻게 해야 부모가 즐거울지를 고민해보는 것이 효도의 시작입니다. 부모 앞에서 표정 관리 잘하는 것도, 평상시 안부 전화 한 통 하는 것도 소소하지만 최고의 효도입니다. 우憂는 자식의 근심입니다. 부모가 병이 들었을 때 자식으로서 근심을 다해야 한다는 뜻입니다. 애哀는 자식의 슬픔입니다. 부모를 잃은 자식의 가장 큰 효도는 화려한 장례가 아니라 부모를 잃은 자식의 마음속에서 우러나오는 슬픔입니다. 엄嚴은 자식의 엄숙함입니다. 제사를 지낼 때 자식으로서 엄숙함을 다하는 것입니다. 그분을 추모하는 그날, 최대한 자신을 경계하고 부모를 그리워하는 것이 진정한 제사의 목적입니다. 돈을 많이 벌어서 봉양하거나, 힘든 일을 대신 맡아 하는 것도 효도지만, 어떻게 해야 진정 부모가 행복할지를 고민하는 가운데 진정한 효도의 방법이 나옵니다. 효도는 부모와 자식 간의 관계에서 중요한 역할을 합니다. 부모는 자식에게 자애로써 최선을 다하고 자식은 부모에게 효도로써 최선을 다할 때 부모 자식 사이는 더욱 긴밀하고 아름다운 관계가 됩니다. 부모 슬하에 살 때居, 부모를 모실 때養, 부모가 아플 때病, 부모를 잃었을 때喪, 부모를 추모할 때祭, 어떤 순간이든 부모의 은혜를 잊지 않아야 진정 효자라 할 것입니다.

以愛妻子之心으로 事親이면 則曲盡其孝니라.
처자식을 사랑하는 마음으로 부모를 섬기면 그것이 진정 극진한 효도이다.

처자식 아끼는 마음으로 부모를 섬긴다고 한 이유는 무엇일까요? 사람은 사랑하는 남편과 부인, 자식에 대하여는 최선을 다하는 본능이 있습니다. 그런 인간의 본능으로 부모를 모신다면 큰 효자가 될 것입니다. 맛있는 음식을 보면 내 자식 사다 먹이고 싶은 마음으로 부모를 떠올려보고, 내 자식 위해 쓰는 돈으로 부모를 위해 쓴다면 큰 효자라 할 것입니다. 인간의 사랑은 내리사랑이라고 합니다. 왜 처자식을 사랑하는 마음은 배우지 않아도 저절로 되는데, 부모를 사랑하는 마음은 의식적으로 익혀야 할까요? 그것은 소유라는 관점에서 바라보아야 합니다. 내가 소유한 것에 대하여는 내 것이기 때문에 누가 뭐라 하지 않아도 아끼고 사랑합니다. 그러나 내 것이 아닌 것에 대하여는 신경도 덜 쓰고 관심도 없어지는 것이 인지상정입니다. 내 집은 쓸고 닦지만 남의 집 더러운 것은 큰 관심을 갖지 않게 됩니다.

그렇습니다. 사랑은 소유에서 시작됩니다. '내 것'이라는 소유 의식은 사랑과 애정을 쏟는 중요한 동기가 됩니다. 내 차를 주기적으로 세차하고 닦아주는 것이나, 내가 낳은 자식을 위해 옷을 사고 돈을 쓰는 일은 소유라는 관점에서 바라보기 때문에 가능한 것이 아닐까요? 그러면 부모는 내 소유가 아닌 걸까요? 결론적으로 말하면 내 소유가 아닙니다. 부모가 자식에 대하여는 소유 의식을 느끼지만 자식이 부모에 대하여 소유 의식을 느끼기는 쉽지 않습니다. 내가 낳은 자식, 내가 선택한 배우자, 내가 산 자동차는 사랑과 애정이 생기지만 내 의지와 상관없이 선택당한 부모에 대해서는 소유 의식이 떨어질 수밖에 없습니다. '사랑하려면 소유하라!' 소유는 상대방을 사랑하는 시작입니다. '넌 내 거야!'라고 외칠 때부터 끝없는 애정과 사랑의 힘이 구동됩니다. 인간이란 존재는 소유에 집착하는 이기적 동물이기에 그 본능을 이용하면 사랑은 저절로 싹트게 됩니다. 다만 소유욕이 강해질수록 집착과 그에 대한 실망감이 심해지기도 합니다. '세상의 모든 존재는 내 것이며 나를 위해 만들어졌다'라는 마음은 세상을 사랑할 수 있는 가장 중요한 기반이 됩니다.

太公曰 孝於親이면 子亦孝之하나니 身旣不孝면
子何孝焉이리오.

강태공이 말하였다. 내가 부모에게 효도하면 자식도 나에게 효도한다. 내가 부모에게 효도하지 않았는데 자식이 어찌 나에게 효도하겠는가?

효도는 유전입니다. 내가 부모에게 효도하는 유전자가 있다면 자식은 저절로 그 유전자를 물려받아 나에게 효도하게 됩니다. 그 유전자는 선천적인 것이 아니라 후천적으로 만들어지는 것입니다. 내가 늘 부모에게 안부를 묻고, 맛있는 것을 먹을 때마다 자식 앞에서 부모를 생각하는 모습을 보여준다면 자식은 나의 행동을 보고 배울 수밖에 없습니다. 내가 부모에게 모질게 하고, 소홀히 대해놓고 자식에게 효도를 바란다면 투자도 하지 않고 수익을 바라는 어리석은 자와 같습니다. 자식은 어려서부터 나를 통해 세상을 익힙니다. 내가 하는 행동을 바라보면서 자신이 어떻게 살아야 하는지를 그리는 것입니다. 미래에 자식이 나에게 어떻게 대할지 궁금하다면 지금 내가 부모에게 어떻게 하는지 돌아보십시오.

선행 善行
인간의 마음속에 있는 하늘의 귀

子曰 爲善者는 天報之以福하고 爲不善者는
天報之以禍니라.

공자가 말하였다. 선행을 베풀고 사는 사람은 하늘이 복으로 보답해줄 것이요, 선행을 베풀지 않고 사는 사람은 하늘이 재앙으로 갚을 것이다.

'착하게 살면 하늘이 복을 내리고, 악하게 살면 하늘이 재앙을 내린다!' 이 말을 믿든 안 믿든 원본 『명심보감』의 첫 구절은 이렇게 시작합니다. 그런데 의문이 생깁니다. 어떤 사람은 매일 못된 짓만 하고 사는 것 같은데 왜 저렇게 잘 살고, 어떤 사람은 매일 착하게 사는 것 같은데 왜 저리도 되는 일이 없는지 모르겠다는 생각이 들 때가 있습니다. 언젠가 제가 어렸을 때 이런 질문을 선생님에게 드렸더니 이렇게 대답하셨습니다. "착하게 살든 나쁘게 살든 당장 결과가 나타나는 게 아니란다." 당장 빛이 나는 것이 아니라 시간이 지나야 그 진가를 알 수 있다는 것입니다. 마찬가지로 나쁜 짓의 결과도 당장 나타나진 않지만 결국 그 대가를 치르게 된다는 이야기지요. 『명심보감』에서는 동악성제東岳聖帝라는 도사의 이야기를 빌려 이렇게 말합니다. '내가 오늘 하루 선행을 했다 하더라도 당장 행복은 안 올 수 있다. 그러나 어쩌면 나에게 다가왔을 불행이 한발 멀어졌다고 생각하라! 내가 오늘 하루 나쁜 일을 행했다 하더라도 당장 불행은 안 올 수 있다. 그러나 어쩌면 나에게 다가왔을 행복이 한발 멀어졌다고 생각하라!'

나에게 행복이 오길 바라기보다 불행이 다가오지 않기를 바라는 것이 오히려 나을지 모릅니다. 아무래도 행복의 기쁨보다 불행의 슬픔이 더욱 크게 느껴지기 때문이겠죠.

한漢나라의 사마천司馬遷이라는 역사가는 나쁜 짓을 하지 않았음에도 불구하고 궁형宮刑이라는 큰 형벌을 받았습니다. 그 후 그는 착하게 살아보았자 아무런 이익이 없다고 생각했나봅니다. 사마천이 저술한 『사기열전』 첫 번째 편에 보면 착하게 살았지만 산속에서 굶어 죽은 백이伯夷와 숙제叔齊의 이야기가 나옵니다. 백이와 숙제는 옳은 일을 하려다 결국 사회에서 추방되어 수양산에 들어가 숨어 살며 고사리를 캐 먹다 죽었는데 어찌하여 같은 시대를 살았던 도척이라는 도적놈은 남의 간이나 빼먹으며 온갖 못된 짓을 저질렀는데 왜 마지막 숨을 거둘 때까지 아무 일 없이 잘살다 갔냐고 질문하는 내용입니다. 사마천은 그 대목에서 "과연 하늘은 있단 말인가?"라며 마치 햄릿이 하늘을 향해 질문했듯 사마천은 하늘을 향해 울부짖은 것입니다. 하늘이 있어서 선한 자, 악한 자를 가려 복을 주고 재앙을 준다는 사실은 크게 중요하지 않습니다. 복을 받으려고 선행을 하는 것도 아니고, 재앙을 피하려고 선행을 하는 것도 아니기 때문입니다. 베푼 선행을 돌려받거나 칭찬받을 생각 말고, 그저 선행善行을 할 수 있다는 자체로 내가 행복함을 느낀다면 그것이야말로 선행의 참된 기쁨일 수 있습니다. 한나라 소열昭烈 황제라고 하면 『삼국지』에 나오는 유비劉備입니다. 유비가 죽으면서 자신의 뒤를 이을 아들에게 당부한 유언이 있습니다.

_{한 소 열   장 종   칙 후 주 왈 물 이 악 소 이 위 지}
漢昭烈이 將終에 敕後主曰 勿以惡小而爲之하고
_{물 이 선 소 이 불 위 지}
勿以善小而不爲之하라.

한나라 소열 황제가 임종을 앞두고 자신의 뒤를 계승할 사람에게 당부하였다. 나쁜 일은 아무리 작다고 해도 해서는 안 되고, 착한 일은 아무리 작아도 하지 않아서는 안 된다.

"늘 선행을 하면서 살아라" 한마디면 될 것을 대체 한문은 왜 이렇게 꼬아놓은 것일까요? 간단히 말하면 "착한 일은 작아도 하고, 나쁜 일은 작아도 하지 마라"라는 내용을 이중부정으로 강조한 문장입니다. 자식에게 하는 유언으로서 참 좋은 말입니다. 착한 일은 그렇게 위대하고 거창하지 않습니다. 아침에 만나는 사람에게 웃어주는 일은 작지만 참 중요한 선행입니다. 남이 인사할 때 즐겁게 받아주는 것도 선행이고, 만나는 사람에게 "고맙습니다"라고 말 한마디 해주는 것도 선행입니다. 그러니까 선행은 어마어마한 일이 아니라 우리가 일상에서 행하는 행동 하나하나에 상대방을 향한 배려와 존중을 담는 일입니다. 자신의 전 재산을 털어 사회에 기부하는 것도 선행이지만 연말에 친척들 모셔놓고 밥 한 끼 사드리는 것도 선행입니다. 전 재산을 기부하는 것과 친척들에게 따뜻한 저녁 대접하는 것을 비교하여 어떤 것이 더 큰 선행이냐고 물을 수는 없습니다. 상황에 맞는 최적의 선행이라는 게 존재하기 때문입니다.

작지만 의미 있는 선행을 베풀고 살다보면 얼굴 모습이 변합니다. 성형수술로 빚은 얼굴과 선행으로 빚은 얼굴은 전혀 다릅니다. 첫인상은 그 사람이 어떻게 살아왔는지를 보여줍니다. 선행을 통한 얼굴 성형은 한꺼번에 갑자기 되는 것은 아닙니다. 아주 조그만 것들이 쌓여서 변하는 것이지요. 시나브로 표정이, 나아가 얼굴의 근육과 윤곽선이 변합니다. 은하계는 작은 입자가 쉬지 않고 쌓여서 만들어졌고, 높은 산은 티끌만 한 흙이 조금씩 쌓여 만들어졌듯이 작은 것이라고 무시해서는 안 됩니다. 작은 선행이 하나둘 모였을 때 비로소 위대해지기 때문입니다. 부모가 자녀를 위해 매 끼니를 챙기는 것도 커다란 선행입니다. 빨래를 하고 청소를 하면서 '내가 이런 하찮은 일을 왜 하고 있지'라고 생각하면 안 됩니다. 가족을 위해 차려준 밥상이 신문에 실리지는 않겠지만 우주의 어느 곳에 반드시 저장되고 기록될 것입니다. 언젠가 그 선행의 저장고가 가득 차면 어떤 형태로든 좋은 영향으로 되돌아오게 되어 있습니다. 저 하늘 어딘가에 인간의 선행과 악행을 담는 그릇이 있다고 생각하시면 어떨까요? 어떤 그릇을 차고 넘치게 할지는 각자의 숙제입니다.

益智書云 惡鑵이 若滿이면 天必誅之니라.

『익지서』에 이르기를, 인간의 악행을 담는 그릇이 가득 차면 하늘이 반드시 그를 벌할 것이다.

사실 행동을 담는 그릇은 자기 자신에게 있다고 합니다. 착한 일을 하면 선관善鑵이라는 두레박으로 들어가고, 나쁜 일을 하면 악관惡鑵이라는 두레박에 들어갑니다. 악한 행동을 담는 그릇이 가득 차면 하늘이 반드시 그에 상응하는 벌을 내린다고 합니다. 내가 저지른 나쁜 일이 아주 작은 무엇이라도 마음을 놓아서는 안 됩니다. 그 작은 것이 쌓여 악관을 가득 채우기 때문입니다. 크거나 위대한 일만이 선행은 아니고 우리의 삶 속에서 실천할 수 잇는 소소한 일도 위대한 선행입니다. 그것이 말 한마디, 행동 하나도 신중히 해야 할 분명한 이유입니다. 지금 나에게 어떤 일이 일어났다면 그 일이 일어나게 된 이유가 스스로 했던 말과 행동 안에 분명 있습니다. '콩 심은 데 콩 나고 팥 심은 데 팥 난다'는 속담처럼 어떤 일이든 인과因果가 있습니다.

種瓜得瓜요 種豆得豆니 天網이 恢恢하야 疎而不漏니라.

오이를 심으면 오이가 나올 것이요, 콩을 심으면 콩이 나올 것이다. 하늘의 그물은 넓고 넓어 성근 것 같아도 하나도 놓치지 않는다.

'콩 심은 데 콩 나고 팥 심은 데 팥 난다'는 속담이 연유한 구절입니다. 어떤 곳에서 콩을 심었다면 반드시 그 결과로 콩을 나게 하는 우주의 원리는 하늘의 그물망을 기반으로 작동하기 때문이라는 것이지요. 설마 아무도 안 보는 곳에서 하는 이 행동을 누가 알까 안심해서는 안 됩니다. 하늘은 반드시 잡아내기 때문입니다. 하긴 요즘은 유전자 변이를 일으켜 무 심은 데 배추 나고, 콩 심은 데 끝이 날 수도 있다고 할 수도 있겠지만요.

왕손가王孫賈라는 사람이 공자에게 물었습니다. "아랫목에 아첨하느니 부뚜막에 아첨하는 편이 낫다는 게 무슨 말입니까?" 현재 세상의 유행에 따라 사는 것이 실용적인 삶이지, 명분에 얽매여 누구도 가지 않는 길을 가는 것은 인생의 손해라는 요지의 질문이었습니다. 공자는 비록 손해를 보더라도 가서는 안 될 길은 가지 말아야 한다고 하며 이렇게 대답하였다.

자 왈 획 죄 어 천   무 소 도 야
子曰 獲罪於天이면 無所禱也니라.
공자가 말하였다. 하늘에게 죄를 얻으면 어디 가서 빌 데가 없다.

공자에게 하늘은 경외의 존재였습니다. 하늘의 눈에 한번 걸려들면 대가를 치러야 한다고 생각하였습니다. 그런데 그 하늘은 저 위에 있는 푸른 하늘도 아니고, 인격적 존재인 무서운 하늘도 아닙니다. 바로 내 마음속에 존재하는 하늘입니다. 내가 곧 하늘이니 스스로 죄를 지으면 어디에서 빌 곳이 없다는 것입니다. 사람들은 하늘이 무서워 하늘이 안 보이는 곳으로 숨으려 합니다. 그러나 어디에 숨더라도 그곳에 하늘이 있습니다. 각자의 마음속에 하늘이 있기 때문입니다. 송宋나라 소강절은 하늘이 푸르지도 않고 높거나 멀리 있지 않다고 하면서 인간의 마음속에 하늘이 있다고 이렇게 말하고 있습니다.

_{소 강 절 선 생 왈} _{천 청} _{적 무 음} _{창 창 하 처 심}
邵康節先生曰 天聽이 寂無音하니 蒼蒼何處尋고
_{비 고 역 비 원} _{도 지 재 인 심}
非高亦非遠이라 都只在人心이니라.

소강절 선생이 말하였다. 하늘의 들음은 적막하여 소리 없이 듣고 있다. 푸르고 푸른 어느 곳에서 하늘의 귀를 찾으려 하는가? 높은 곳에 있지도 않고 멀리 있지도 않다. 모두 다만 인간의 마음속에 있는 것이다.

인간은 태어날 때부터 하늘을 닮아 태어난 존재입니다. 인간의 하늘다움을 인의예지仁義禮智라고 합니다. 인仁은 사랑입니다. 남의 불행을 차마 두고 보지 못하는 측은지심惻隱之心이 인간에게 사랑이 있다는 증거입니다. 의義는 부끄러움입니다. 부끄러운 짓을 하면 안 된다는 수오지심羞惡之心이 인간에게 부끄러움이 있다는 증거입니다. 예禮는 양보심입니다. 내가 가진 것을 남에게 양보할 수 있는 사양지심辭讓之心이 인간에게 양보심이 있다는 증거입니다. 지智는 판단력입니다. 옳고 그른 것을 가릴 줄 아는 시비지심是非之心이 인간에게 옳은 판단력이 있다는 증거입니다.

사람이 곧 하늘人乃天입니다. 내 안에 있는 하늘, 사람들 안에 있는 하늘을 무서워할 줄 알아야 합니다. 그 하늘에게 죄를 지으면 평생 어디에서 용서받을 곳이 없기 때문입니다. 하늘은 인간의 이야기를 늘 듣고 있습니다. 그것이 천청天聽입니다. 하늘의 들음은 저 높은 곳이 아니라 결국 인간의 마음속에 있습니다. 잘못을 빌려면 하늘이 아닌 나 자신에게 빌어야 합니다. 내가 나를 용서하지 않고는 누구도 나를 용서할 수 없기 때문입니다.

행 복 幸福
마음에 거리낄 것이 없는 상태

益智書云 寧無事而家貧이언정 莫有事而家富요
寧無事而住茅屋이언정 不有事而住金屋이요
寧無病而食麤飯이언정 不有病而服良藥이니라.

『익지서』에 말하였다. 차라리 아무 걱정 없는 가난한 집에 살지언정 온갖 걱정 많은 부유한 집은 싫다. 차라리 아무 걱정 없이 초가집에서 살지언정 온갖 걱정 많은 좋은 집에서는 살고 싶지 않다. 차라리 아무 병 없이 거친 밥을 먹을지언정 온갖 병 생기고 좋은 약을 먹고 싶지 않다.

돈은 많지만 온갖 사고 가득한 집에서 살고 싶습니까? 돈은 좀 없어도 아무 일 없이 사는 게 좋습니까? 좋은 집을 가졌지만 가족 간에 불화가 잦은 집에 살고 싶습니까? 아니면 집은 초라해도 화목하게 사는 것이 좋습니까? 좋은 약 먹으며 병들어 사는 것이 좋습니까? 아니면 아무 병 없이 사는 게 좋습니까? 이런 질문을 하면 대부분의 사람들은 공통적으로 대답합니다. 집은 좀 가난하고, 사는 곳은 누추하고, 좋은 약 안 먹어도 아무 탈 없이 건강하고 가족 화목하게 살고 싶다고요. 그런데 어떤 학생에게 똑같은 질문을 하였는데 그 학생은 참으로 현명한 대답을 하였습니다. "저는 좋은 집에서 좋은 약 먹고, 아무 사고 없이 건강하게 살고 싶습니다!" 참으로 인간이라면 누구나 원하는 삶의 모습입니다. 돈과 건강과 화목이 모두 갖추어 있으니 얼마나 행복한 인생입니까? 그런데 하늘은 한 사람에게 모든 것을 완벽하게 갖추어주지는 않습니다. 그중 하나를 택할 수 있다면 무탈하고 화목한 가정에서 건강하게 사는 것이 행복하다는 말이지요. 행복은 물질적 풍요에 있지 않고 정신적 만족과 안정에 있습니다. 그래도 절대적으로 빈곤하다면 정신적 행복도 떨어집니다. 적당한 물질적 기반 위에 정신적 안정이 잘 결합된다면 진정한 행복을 찾을 수 있을 것입니다. 〈사노라면〉이라는 가요는 '비가 새는 작은 방에 새우잠을 잔대도 고운 님 함께라면 즐거웁지 않더냐'라고 노래합니다. 사랑하는 님과 함께라면 그게 비가 새는 좁은 방이어도 행복할 수 있다는 이 노래 가사를 들으면서 진정한 행복이 무엇인가 생각해봅니다.

^{심 안 모 옥 온} ^{성 정 채 갱 향}
心安茅屋穩이요 性定菜羹香이니라.

마음이 편안하면 초가집도 편안하고, 성품이 안정되면 나물국도 향기롭다.

행복은 결국 정서적 만족과 편안함에서 비롯된다는 구절입니다. 마음의 편안함은 심안心安이고 성품의 안정은 성정性定입니다. 심성心性이라는 말을 자주 사용하는데 이는 마음과 성품을 의미합니다. 모옥茅屋과 채갱菜羹은 경제적인 어려움을 상징합니다. 풀로 엮은 집에서 살고 고깃국이 아닌 나물로 끓인 국을 먹고 산다는 것은 집안 형편이 좋지 않다는 것이지요. 기름진 음식이 포화된 요즘은 오히려 찾아서 먹는 건강 식단이 되었지만 옛사람들은 어려운 살림살이를 초가집과 나물국이라고 표현하였습니다. 마음의 안정이 있으면 초가집에 살아도 편안하고, 성품의 안정이 있으면 나물국을 먹어도 행복하다는 뜻입니다. 물질적인 부족함은 마음 먹기에 따라 얼마든지 극복하고 행복해질 수 있다는 의미이지요.

^{황 금} ^{미 시 귀} ^{안 락} ^{치 전 다}
黃金이 未是貴요 安樂이 値錢多니라.

황금이 귀한 것이 아니라, 안락이 더 값지다.

돈이냐? 아니면 마음의 안락이냐? 거듭되는 『명심보감』의 질문입니다. 황금이 집안 가득해도 마음이 편안치 못하면 행복한 삶이 아닙니다. 하루하루 마음에 불안함이 없이 즐거워야 결국 행복한 인생이라는 것이지요. 시대가 변하며 요즘 젊은이들은 자신들의 가치와 행복을 추구하며 사는 데 익숙합니다. 획일적인 방향의 삶이 아니라 각각 개인의 가치에 의거한 선택을 더욱 소중히 여기는 것이지요. 세상에 절대적인 행복과 가치는 없습니다. 많은 돈을 벌고 이름을 널리 알리며 사는 것이 일반적으로 생각할 수 있는 성공이지만, 이름 없는 골짜기에서 자신의 향기와 가치를 스스로 잊지 않고 사는 것 역시 성공한 삶입니다. 세상에 어떤 삶이 더 아름답고 의미 있다고 자신할 수 있는 사람은 아무도 없습니다. 황금과 안락함이라는 상반된 가치 중에서 어떤 쪽을 택하든 본인의 결정이고 그 결과에 책임지는 것도 자신입니다. 『명심보감』은 황금보다는 안락을 강조하고 있습니다. 그것이 『명심보감』의 소리입니다.

대 하 천 간　　　　야 와 팔 척　　　　양 전 만 경
大廈千間이라도 夜臥八尺이요 良田萬頃이라도
일 식 이 승
日食二升이니라.

큰 집에 방이 천 칸이라도 밤에 누워 자는 곳은 여덟 자 좁은 공간이고, 좋은 밭이 만 이랑 있더라도 하루에 먹는 것은 두 되뿐이다.

아무리 집이 커도 사람이 누워 자는 곳은 한 평밖에 되지 않습니다. 아무리 돈이 많아도 결국 하루에 먹는 것은 쌀 한두 되 분량입니다. 그러니 물욕보다는 마음의 평안을 추구해야 행복할 수 있다는 것입니다. 아무리 재산이 많아도 결국 죽어서 무덤에 가면 한 평 남짓한 곳에 누워 자게 됩니다. 그런데 왜 사람들은 자꾸 욕심을 내서 더 많이 가지려 하고, 더 크게 집을 지으려 할까요? 인간의 욕망은 끝이 없어서 결코 채워지지 않는 상자와 같습니다. 한병철 교수는 그의 저서 『피로사회』에서 현대인들이 끝없는 욕망을 채우기 위해 스스로 피로하게 만드는 성과사회를 살고 있다고 지적했습니다. 더 많은 성공과 명성을 얻기 위해 죽도록 일하고 죽을 만큼 스스로를 착취하게 만드는 사회라는 것입니다. 요즘 세상은 먹고사는 게 힘든 것이 아니라 남보다 더 많이 먹고 더 잘살려고 해서 힘들다고 할 수 있습니다. 이런 때일수록 나만의 가치관을 정립하고 어떤 선택을 할지 스스로 성찰해보아야 합니다.

자녀 교육子女敎育
눈에 보이지 않는 것들을 물려주는 것

景行錄云 賓客不來면 門戶俗하고 詩書無敎면 子孫愚니라.

『경행록』에 말하였다. 손님이 찾아오지 않으면 그 집안이 저속해지고, 『시경』과 『서경』을 가르치지 않으면 자손이 어리석어진다.

예전에는 집에 손님이 자주 찾아왔던 기억이 납니다. 당시에는 남의 집에 가는 것이 자연스러운 일이었고 손님 대접은 중요한 집 안일 중 하나였습니다. 그런데 언제부터인가 남의 집에 방문하는 일이 점점 줄어들게 되었습니다. 돌잔치나 생일잔치도 따로 음식 점에서 치르니 다른 사람의 집을 방문할 기회는 점점 줄어들고 이 제는 특별한 일이 되어버렸습니다. 시대가 변하면서 집은 사적인 공간이라는 의미가 더 커진 것이지요. 하긴 가족끼리 한자리에 모이기도 쉽지 않은 요즘입니다.

'봉제사奉祭祀 접빈객接賓客'이라는 말이 있습니다. 제사를 잘 받들고 집에 온 손님을 잘 대접하는 일이 가정에서 가장 중요하다는 뜻입니다. 예전에 경제적으로 넉넉한 집안에서는 '가양주家釀酒'를 빚어 손님을 대접하고 제주祭酒로 사용하고는 했습니다. 자녀들은 이런 문화를 부모를 통해 자연스럽게 체득하며 자랐습니다. 그리고 그들이 어른이 되었을 때 또 다시 접빈객을 실천하며 사는 것이 우리 문화였습니다. 따로 가르치지 않더라도 자연스럽게 가정의 문화와 전통이 전승되는 자녀 교육이 있었던 것입니다.

예로부터 자녀 교육에서는 『시경』과 『서경』을 필수로 여겼으며, 공자가 제자를 교육할 때에도 핵심이 되었습니다. 『시경』과 『서경』은 동양에서 가장 오래된 경전으로서 고대문학의 양대 산맥으로 꼽힙니다. 『시경』은 요즘으로 치면 노래 가사 모음집입니다. 시는 노래 가사입니다. 노래 가사에는 인간의 모든 감정이 절절하게 배어 있습니다. 인간의 감정을 이해해야 비로소 세상에 대한 이해가 가능합니다. 시를 통해, 노래 가사를 통해 세상을 이해하는 법을 알려준 것입니다. 『서경』은 유교의 경전 중에 으뜸으로 꼽히는 역사서이자 정치서입니다. 선정을 폈던 중국 고대 성왕들의 말과 행적을 기록했으며 유교의 정치사상을 담고 있습니다. 『시경』을 통해 인간의 삶을 이해하고, 『서경』을 통해 역사와 사상을 익혀 이성을 키우는 것이 자녀 교육의 핵심이었습니다. 영어와 수학 같은 경쟁을 조장하는 교과 수업이 대부분을 차지한 요즘, 감성과 이성의 양성을 목표로 했던 지난날의 교육철학이 더욱 절실합니다.

_{장 자 왈} _{사 유 소} _{부 작} _{불 성} _{자 유 현}
莊子曰 事雖小나 不作이면 不成이요 子雖賢이나
_{불 교} _{불 명}
不敎면 不明이니라.

장자가 말하였다. 일이 비록 작더라도 직접 하지 않으면 이루지 못할 것이요, 자식이 비록 똑똑하더라도 가르치지 않으면 현명한 사람이 되지 못할 것이다.

『명심보감』의 이 구절은 동양인의 자녀 교육에 대한 철학을 잘 보여줍니다. 한국 부모들의 우선순위 목표는 자식 교육입니다. 내가 비록 힘들고 어렵더라도 자식 교육만큼은 포기하지 않습니다. 교육은 인간을 발전시키고 사회 진출의 기회를 늘려주며 가정의 성공으로 이어주는 가장 중요한 수단이었습니다. 교육을 통해 사회적으로 인정받고 출세할 수 있었기 때문에 밥을 굶는 한이 있어도 자식 교육은 중단하지 않겠다는 것이 부모들의 교육철학이었습니다. 버락 오바마도 한국이 교육에 보이는 열정을 부러워하면서 미국의 부모들이 본받아야 한다고 강조한 바 있습니다. 자녀에 대한 교육열이 과열되고 잘못된 방향으로 나아가는 경우를 심심

치 않게 볼 수 있어 안타깝지만 적정한 교육의 열정은 우리 사회에 꼭 필요합니다.

漢書云 黃金滿籯이 不如敎子一經이요 賜子千金이 不如敎子一藝니라.

『한서』에 말하였다. 황금을 상자에 가득 쌓아놓는 것이 자식에게 경전 하나 제대로 가르치는 것만 못하고, 자식에게 천금을 물려주는 것이 기술 한 가지를 가르치는 것만 못하다.

자녀에게 물질적인 유산을 많이 물려주는 것보다 정신적인 유산을 물려주는 것이 훨씬 값지다는 뜻입니다. 돈은 다 쓰면 결국 소멸하지만, 좋은 교육은 아무리 사용해도 닳지 않는 무한의 유산이기 때문입니다. 영籯은 광주리, 상자라는 뜻입니다. 상자 가득 금을 담으면 엄청난 액수가 될 것입니다. 그러나 쓰려고 마음만 먹으면 얼마든지 쉽게 소진할 수 있는 게 돈입니다. 14억짜리 복권에 당첨된 한 10대 영국 여성이 당첨 이후 삶이 불행해졌다며 복권 업체를 고소했다고 합니다. 그녀는 복권에 당첨되면 인생이 열 배는 나아질 줄 알았는데 오히려 훨씬 불행해졌다고 합니다. 복권에 당첨된 사람들의 대부분은 예상과 달리 인생이 그리 행복하지 않았다고 합니다. 돈을 많이 갖고 있으면 자연히 유혹이 많아지고 그만큼 그릇된 유혹에 빠질 가능성도 높아집니다. 잘못된 유혹에 발을 들여놓는 순간 결과는 자명합니다. 일확천금을 꿈꾸기보다 일생 동안 정당한 대가를 받으며 꿈다운 꿈을 가지도록 힘을 키워주어야 합니다. 세상을 제대로 볼 줄 아는 지혜를 가르치는 게 자식을 위한 진정한 선물입니다.

> 至樂(지락)은 莫如讀書(막여독서)요 至要(지요)는 莫如敎子(막여교자)니라.
> 지극한 즐거움은 책을 읽는 것만 한 일이 없고, 지극히 중요한 것은 자식을 가르치는 것만 한 일이 없다.

세상에서 가장 행복한 일이 무엇일까요? 한번 상상해보십시오. 편안한 집에서 맛있는 음식을 먹는 것도 행복이고, 경치 좋은 곳을 마음껏 여행하는 것도 행복입니다. 친구들을 만나 밥 먹고 얘기를 나누는 것도 행복이며, 가지고 싶은 물건을 마음껏 살 수 있는 것도 누군가에게는 행복입니다. 그럼에도 불구하고 이러한 데서 오는 행복은 오래가지 못합니다. 큰 집으로 이사하는 기쁨도 잠시이고, 맛있는 음식을 먹고 느끼는 새로움도 길게 가지 않습니다. 여행도 길어지면 심신의 피로가 행복감보다 먼저 몰려옵니다. 그렇다면 변하지 않는 참행복은 어디에서 찾으면 좋을까요? 책을 읽으며 그 속에서 무한한 경험과 지혜를 얻는 일이야말로 지극한 기쁨이자 행복이 아닐까요. 책 속에서 좋은 구절을 만나면 손발이 저절로 춤추고, 공감되는 한마디가 내 인생을 바꾸는 시작점이 되기도 합니다. 자녀 교육 또한 부모에게는 충분히 행복해질 수 있는 일입니다. 교육을 통해 자식이 올곧게 성장하는 모습을 보는 것은 부모로서 보람된 일입니다. 집 안에서 책 읽으라는 부모의 잔소리가 아닌, 자녀가 스스로 신이 나서 책 읽는 소리가 들린다면 그야말로 행복한 가정이며, 바람직한 자녀 교육의 현장일 것입니다.

呂榮公曰 內無賢父兄하고 外無嚴師友요
而能有成者 鮮矣니라.

여형공이 말하였다. 집안에 어진 부모 형제가 없고, 집 밖에 엄한 스승과 벗이 없으면 성공하는 자가 드물다.

한 사람이 성공하는 데 가장 중요한 영향을 미치는 것이 무엇일까요? 부유한 부모, 명문 학교 졸업장, 사회적으로 든든한 인맥 등은 모두 사람에게 큰 영향을 미치지만 무엇보다 중요한 것은 나를 좋은 길로 인도할 주변의 사람들입니다. 돈 많은 부모보다는 어질고 현명한 부모에게서 살아가는 지혜를 배우고, 형제들과 어렸을 때부터 인간관계를 연습하고, 내 진로를 옳은 방향으로 이끌어줄 스승을 만나고, 신의를 지키며 험난한 인생길을 함께 걸어갈 친구가 있다면 그는 성공할 확률이 높은 사람입니다.

太公曰 男子失敎면 長必頑愚하고 女子失敎면 長必麤疎니라.

태공이 말하였다. 남자아이가 교육의 기회를 놓치면 자라서 반드시 고집스럽고 어리석은 자가 될 것이며, 여자아이가 교육의 기회를 놓치면 자라서 반드시 거칠고 솜씨 없는 자가 될 것이다.

배움에는 적절한 시기가 있습니다. 나이에 맞춰 밟아가는 교과과정에 따른 시기를 말하는 것이 아닙니다. 입학하고 졸업하는 시기가 아닙니다. 어떤 일이 벌어졌을 때 그때를 놓치지 않고 알맞은 교육을 해야 훗날 잘못을 두 번 반복하지 않습니다. 매 순간 교육의 때를 놓치지 않아야 좋은 인재로 자라날 수 있습니다. 고집 세고, 거칠고, 어리석고 능력 없는 사람이 되는 것은 어렸을 때 가정교육이 제대로 되지 않은 경우가 적지 않다고 합니다.

憐兒어든 多與棒하고 憎兒어든 多與食하라.

내 아이를 사랑하거든 매를 많이 들고, 내 아이를 미워하거든 음식을 많이 주어라.

'미운 아이 떡 하나 더 준다'라는 속담이 있습니다. 떡을 준다는 것은 그 아이의 욕망을 채워준다는 뜻입니다. 무엇이든 자녀가 하자는 대로 들어주는 것은 결국 자식 교육을 포기한다는 말입니다. 그러니 미운 아이는 그 아이의 욕망대로 해주고말지요. 정말 내가 사랑하는 자식이라면 때로는 따끔하게 매를 들어서 옳은 길을 가르쳐주기도 해야 합니다. 적당히 자식이 하자는 대로 하면 오히려 자식을 망치게 할 수 있습니다. 봉棒은 매를 뜻하고, 식食은 음식을 의미합니다. 자식에게 매를 드는 일은 마음 아프지만 자식을 올바른 길로 인도하기 위한 부모의 눈물겨운 선택인 것입니다.

人皆愛珠玉이나 我愛子孫賢이니라.
인 개 애 주 옥　　　아 애 자 손 현

남들은 모두 보물과 옥을 사랑하지만, 나는 내 자손이 어진 것을 사랑한다.

자식이 어떻게 성장했으면 좋겠습니까? 좋은 학교에 들어가서 내로라하는 직장에 취직해 고생 없이 살기를 모든 부모가 자식에게 바랄 것입니다. 그러나 공부를 잘하고 출세한 자식이 인성이 나빠 주변 사람들과의 관계가 좋지 않다면 훌륭한 자녀 교육이 이루어졌다고 할 수 없습니다. 오히려 능력이 약간 부족하더라도 인성이 올곧고 인간관계가 원만하며, 사회에서 신망받는 사람으로 키워냈다면 성공한 자식 농사입니다. 눈에 보이는 재산, 명예, 권력 들은 오히려 쉽게 물려줄 수 있을지 모르지만, 자식들에게 정작 필요한 것은 눈에 보이지 않기에 '참된 자녀 교육'을 행하기가 어려운 것입니다.

가정 경영 家庭經營
삶의 시작과 끝을 함께할 숙명

家和貧也好어니와 不義富如何오 但存一子孝니
何用子孫多리오.

집안이 화목하면 가난해도 좋지만 가족 간의 정이 좋지 않다면 부유한들 무슨 소용이 있겠는가? 다만 자식이 하나라도 효도하는 자식을 두는 것이 낫지 자손의 수가 많은들 무슨 소용이 있겠는가?

인생은 '선택의 연속'이라는 말이 있습니다. 돈과 가정의 화목 중에 무엇을 선택할 것인가? 혹은 많은 자녀와 제대로 부모에게 효도하는 한 명의 자식 중에 어느 쪽을 선택할 것인가? 물론 집안도 화목하고 돈도 넉넉하며, 많은 자식들이 모두 효도한다면 더 바랄 것이 없겠지요. 그러나 하늘은 모두를 주지는 않는가봅니다.

돈이 많으면 가족 간에 불화가 심하고, 자식이 많으면 꼭 문제를 일으키는 자식이 하나는 있기 마련입니다.

인생을 살다보면 물질적인 만족보다는 정신적인 만족이 안정된 삶을 영위하는 데 중요한 역할을 합니다. 옛날보다 분명히 물질적으로는 풍족해졌는데 정신적인 만족감은 오히려 떨어지는 경우가 많습니다. 계속해서 남과 비교하면서 더 많이 가지려 하다보면 상대적 박탈감으로 정신적인 불만족이 따라옵니다. '누구는 나보다 돈을 더 많이 가졌더라' '누구는 나보다 똑똑한 자식을 두었더라' 하는 끊임없는 비교가 나를 초라하게 만들고 지치게 합니다. 남의 시선이 아닌 온전한 나의 시선으로 나를 보고, 지금 이곳에서 건강한 모습으로 함께하는 가족이 있음에 감사하며 행복함을 느낄 수 있어야 합니다.

父不憂心因子孝요 夫無煩惱是妻賢이라 言多語失皆因酒요
義斷親疎只爲錢이니라.

부모가 마음에 근심하지 않는 것은 자식이 효도하기 때문이요, 남편이 번뇌가 없는 것은 아내가 어질기 때문이요, 말이 많아지고 말실수를 하는 것은 술 때문이요, 의리가 끊어지고 친한 사람이 소원해지는 계기는 겨우 돈 때문이다.

참 많은 메시지가 담긴 문장입니다. 자식이 효도하면 부모의 마음이 편안해지고, 부인이 현명하면 남편이 밖에서 나쁜 유혹에 빠지지 않는다는 것입니다. 이 문장에는 서로가 서로에게 영향을 준다는 의존적 철학이 담겨 있습니다. 부모가 근심하고 걱정함이 늘 자식에서 비롯되지도 않았을 테고, 남편이 유혹에 빠지는 것이 부인이 현명하지 못해서만도 아닐 텐데 말입니다. 그러나 분명 큰 요인이 될 수는 있습니다. 물론 반대로 부모가 자애로우면 자식이 행복하고, 남편이 제 도리를 알고 살면 부부 금실이 더 좋을 것이 자명하지요. '관계'는 인간의 행복에 가장 큰 영향을 끼칩니다. 특히 세상에 태어나 죽을 때까지 세대를 넘어 이어지는 가족 간의 관계는 한 사람의 인생을 결정하는 매우 중요한 요소입니다. 집에서 부모와 자식, 부부, 형제자매 사이가 좋으면 각자 밖에서 하는 일에도 든든한 힘이 뒷받침되리라는 믿음을 가져봅니다.

待客엔 不得不豊이요 治家엔 不得不儉이니라.

손님을 접대함에는 풍성하지 않을 수 없으며, 가정을 다스림에는 검소하지 않을 수 없다.

손님 접대와 가정 경영, 둘 다 모두 중요한 일이지만 손님 접대에는 돈을 아끼지 말고, 집안 재정은 넘침 없이 검소하게 운용하라는 것입니다. 비록 내가 먹는 것은 나물국 하나라 할지라도 손님에게는 할 수 있는 대접을 다하라는 이야기는 옛날 어머니들이 늘 들려주시던 말씀입니다. 손님 대접을 어떻게 하느냐에 따라 그 집의 풍속을 알 수 있다는 말이 있습니다. 시간을 내어 찾아준 손님에게 아무렇게나 대접하는 것은 예의에 크게 벗어나는 일이었습니다. 그 옛날 집에 찾아오는 손님을 위해 손수 가양주를 빚어 대접하고, 앞마당에 아껴놓은 씨암탉을 잡는 것은 당연한 일이었던 거지요.

凡使奴僕에 先念飢寒이니라.
무릇 노복을 부릴 때는 먼저 배고픔과 추위를 생각하라.

노복奴僕은 집안의 허드렛일을 하는 사람이었습니다. 경제적인 여유가 있는 집안에서는 종을 두거나 노복을 두어 그들을 먹이고 그들의 노동력을 사용하였습니다. 주인이 그들을 먹여 살린다고 해서 함부로 대하거나 무시한다면 저속한 풍속을 가진 집안입니다. 훌륭한 장군이 병사들을 먼저 재우고 먹인 후에 자신의 배고픔을 챙기듯이, 훌륭한 주인은 노복의 배고픔과 추위를 먼저 생각합니다. 요즘 일부 기업의 사장이나 소위 '재벌 2세'들이 기업의 가족 즉 직원들을 함부로 대해 세상의 지탄을 받는 경우가 심심치 않게 보도됩니다. "내가 먹여주고 재워주는데 무슨 상관이냐"라는 거만함으로 사람을 대한다면 그 대가를 톡톡히 치르게 되는 날이 옵니다. 순망치한脣亡齒寒이라는 말이 있습니다. '입술이 없으면 이가 시리다'는 뜻입니다. 입술이 없어도 이가 제 기능을 발휘할 것 같지만 입술이 없으면 이의 기능도 정지됩니다. 제아무리 월급을 주고 부리는 사람이라도 직원이 없다면 기업을 운영할 수 있을까요? 집안에서든 기업에서든 늘 옆 사람을 먼저 생각하고 배려한다면 함께 웃을 수 있을 것입니다.

子孝雙親樂이요 家和萬事成이니라.
자식이 효도하면 어버이가 즐겁고, 집안이 화목하면 모든 일이 이루어진다.

'가화만사성家和萬事成'은 한국인이 가장 많이 쓰는 가훈일 것입니다. '집안이 화목하면 만사가 잘 풀린다'는 뜻으로 집안의 화목이 곧 성공의 기반이라는 뜻입니다. 부부 간, 형제 간에 서로 화목하면 그 집안의 일이 잘되는 것은 너무나 당연합니다. 집안에서 불협화음의 소리가 들린다면 밖에서도 일이 제대로 손에 잡히지 않을 것입니다. 화和는 '같음'이 아니라 '다름'의 화합입니다. 부모, 자식, 형제 각자 다르지만 서로 존중하고 배려할 때 진정한 화합이 이루어집니다. 오케스트라의 화음和音과 같습니다. 제각각 다른 소리를 가진 악기들이 서로 양보하고 배려함으로써 부드러운 화음을 만들어낼 때 비로소 '화'라고 이야기합니다. '공화국共和國은 두 사람 이상이 화합해 정무를 시행하는 나라'라는 뜻입니다. 주권이 국민에게 있는, 함께 화합하고 배려하며 살아가는 나라를 가리킵니다. 국가 구성원들이 화목하면 그 나라는 전진할 수 있습니다. 화목과 화합이 있는 세상에서 비로소 발전이 있습니다.

時_시時_시防_방火_화發_발하고 夜_야夜_야備_비賊_적來_래니라.
수시로 집에 불이 나는 것을 예방하고, 저녁마다 도적이 오는 것을 방비하라.

전통 사회에서 가장 큰 가정의 위협은 화재와 도둑이었나 봅니다. 군불을 때 방을 덥히고 밥을 짓던 시절에 불은 집을 통째로 삼키는 화마火魔로 변하기도 했습니다. 부엌 아궁이에 피운 불이 방으로 옮겨붙거나 방 안에 있던 화롯불이 번지면 불에 타기 쉬운 재료로 지어진 집은 순식간에 소실되었습니다. 하여 가정에서는 늘 불이 나지 않도록 마음을 썼습니다. 아울러 치안이 불안하던 그 시절에는 도적떼가 나타나면 순식간에 마을이 쑥대밭이 되기도 하였습니다. 거주 환경과 시대가 변했어도 화재와 도적을 방비하는 일은 가정 경제의 뼈대를 지키는 중요한 기본입니다.

_{경 행 록 운   관 조 석 지 조 안   가 이 복 인 가 지 흥 체}
景行錄云 觀朝夕之早晏하여 可以卜人家之興替니라.

『경행록』에 말하였다. 아침저녁의 이르고 늦음을 보아, 그 집이 흥할지 쇠할지를 알 수 있다.

집집마다 아침을 시작하는 시각이 다릅니다. 어느 집은 새벽 5시면 모두 깨어 부지런히 하루를 시작하고, 어느 집은 9시가 다 되어서야 하루를 시작합니다. 저녁에도 새벽 1시까지 불이 켜 있는 집도 있고, 저녁 9시면 모든 식구가 잠자리에 드는 집도 있습니다. 옛날에는 늦게 자고 일찍 일어나는 것이 그 집안이 잘되는 비결이라고 생각했습니다. 농업 중심 사회에서는 노동의 시간과 성공은 비례한다는 공식이 통용되었겠지요. 그러나 요즘은 산업 정보화 사회이기에 많은 노동 시간이 곧 성공을 불러오지는 않습니다. 요지는 얼마나 시간을 제대로 활용하여 성공의 계기로 전환시키느냐입니다. 근면하고 성실함은 시대를 넘나드는 성공의 비결임이 분명하니 말입니다.

_{부 불 언 자 지 덕   자 부 담 부 지 과}
父不言子之德하며 子不談父之過니라.

부모는 아들의 좋은 덕을 말하지 않으며, 자식은 아버지의 허물을 말하지 않아야 한다.

참 좋은 말입니다. 아무리 자식의 덕이 훌륭하고 능력이 출중하더라도 부모가 자식 자랑을 과하게 하면 팔불출이라고 흉을 봅니다. 예쁜 내 자식 자랑하는 일이 무슨 문제냐고 할지 모르지만 듣는 사람의 입장에 따라서는 마음에 생채기가 날 수도 있습니다. 흔한 예로, 대학에 붙지 못한 자식을 둔 부모 앞에서 자기 자식은 좋은 대학에 입학하게 되었다고 자랑한다면 상대방의 기분이 언짢을 수 있습니다. 자식, 손자, 며느리, 사위 자랑은 하고 싶어도 듣는 사람을 배려하여 참을 수 있어야 합니다. 반대로 자식은 아무리 서운하더라도 남에게 부모 흉을 보아서는 안 됩니다. 자식 입장에서 본인 마음을 몰라주는 부모에게 때때로 서운할 수 있습니다. 며느리 입장에서 시어머니가 야속할 수도 있습니다. 그렇다 하더라도 남에게 자신의 부모를 욕하는 것은 결국 '누워서 침 뱉기'와 같습니다. 가정의 일은 담장 밖으로 넘어가는 순간 가정의 화목이 깨지게 됩니다.

인간관계 人間關係
나를 뒤로 숨겨야 비로소 존재하는 관계

若要人重我인대 無過我重人이니라.
만약 남이 나를 소중히 생각해주기를 바란다면 내가 먼저 상대방을 소중히 여기는 것보다 더 좋은 방법이 없다.

'남이 나를 알아주지 않는다고 근심하지 말고 내가 먼저 상대방을 알아주지 못함을 근심하라'는 『논어』에 나오는 이야기입니다. 아무도 나를 알아주지 않는다고 불평할 것이 아니라 내가 먼저 상대방을 알아주면 당연히 상대방도 나를 알아줄 것입니다. 관계는 주고받는 것입니다. 내가 주지 않고 일방적으로 받으려 한다면 그 관계는 지속될 수 없습니다. 부부 간에도 서로 먼저 존중하고 사랑을 주면 상대방은 저절로 나에게 존중과 사랑을 줄 것입니다.

회사가 나를 알아주지 않는다고 불평하지 말고 내가 회사를 위해 무엇을 할 수 있을지 고민한다면 회사도 자연히 나를 알아줄 것입니다. 많은 사람들이 왜 '나'를 알아주지 않느냐고 불평합니다. 자식은 부모가 자식 마음 알아주지 않는다고 투정을 부리고, 부모는 자식이 부모 마음 몰라준다고 한숨을 쉽니다. 정치 지도자는 국민에게 자신의 열정과 능력을 알아달라고 외치고, 국민은 정치가가 국민의 마음을 헤아려야 한다고 냉정한 잣대를 들이댑니다. 기업은 고객에게 자신들이 정성껏 만든 제품을 알아달라고 하고, 고객은 기업에게 고객이 필요한 것을 알아내서 제품을 만들어야 한다고 합니다. 뭐가 정답일까요? 누가 먼저랄 것 없이 한 발짝씩만 서로 다가간다면 인간관계로 스트레스 받을 일이 줄어들겠지요.

性理書云 接物之要는 己所不欲을 勿施於人하고
行有不得이어든 反求諸己니라.

『성리서』에 말하였다. 상대방과 관계의 중요한 요체는 내가 하고 싶지 않은 일을 남에게 강요하지 말고, 실행하여 결과를 못 얻더라도 돌아보아 나에게 책임을 물어야 한다.

접물接物은 상대방과 상호 관계를 맺는 것입니다. 우리가 만나는 모든 이들, 심지어 반려동물과도 아름다운 관계를 유지하는 핵심은 '내가 하기 싫은 일을 상대방에게 강요하지 않는 것'입니다. 내가 먹고 싶지 않은 음식을 남에게 먹으라고 하지 않고, 내가 쓰고 싶지 않은 물건을 상대방에게 쓰라고 강요하지 않아야 합니다. 결국 입장을 바꾸어 생각해보면 내가 어떻게 행동해야 할지 명확한 답을 얻을 수 있습니다. 또한 일이 잘 안 된다고 남을 탓하지 말고 모두 내 탓이라고 하면 좋은 인간관계가 유지됩니다. 나를諸 돌아보아反 책임을 찾으라求는 '반구저기反求諸己'의 철학입니다. 대부분 사람들은 일이 잘 안 풀리면 외부적인 요인을 먼저 찾습니다. 남 탓을 하는 대신, '내 탓이오'를 해보십시오. 참 간단하지만 미래의 성공 가능성을 높이는 수준 높은 말입니다. '남의 입장에서 먼저 생각하라', '모든 잘못은 나에게서 찾아라'라는 말은 원만한 인간관계를 유지하기 위해 늘 가까이하고 스스로 돌아보아야 할 과제입니다.

疑人莫用하고 用人勿疑니라.

사람이 의심스럽거든 애초부터 쓰지 말고, 사람을 일단 썼으면 의심하지 마라.

어느 재벌 회장의 인사 원칙으로 잘 알려진 구절입니다. 사람이 직장에서 보내는 시간이 하루의 대부분인 만큼, 고용주와 피고용인의 관계는 무시할 수 없습니다. 기업에서 사람을 쓸 때는 신중하게 고민하고 선발해야 하지만 기왕 그 사람에게 일을 맡겼다면 의심하지 말고 그를 믿어주어야 합니다. 일을 시켜놓고 늘 의심의 눈초리로 살핀다면 일을 하는 사람 입장에서는 흥이 날 수가 없고 일의 능률도 오르지 않아 결국 양쪽의 손해로 남습니다. 물론 인간관계에서 믿음이 절대적일 수는 없습니다. 그러나 일단 내가 상대방을 믿기로 마음을 먹었으면 오롯이 신뢰하고 그가 자신감을 갖고 일할 수 있는 상황을 만들어주어야 합니다. 사람을 믿고 신뢰한다는 것, 그리 쉬운 일은 아닙니다. 그러나 힘든 일인 만큼 한 번 서로의 신뢰가 굳건히 쌓인다면 그 믿음이 깨지기는 더 어려울 것입니다.

諷諫云: 水底魚天邊雁은 高可射兮低可釣어니와
惟有人心咫尺間에 咫尺人心不可料니라.

『풍간』에 말하였다. 물속 바닥의 물고기와 하늘 저편의 기러기는 높이 나는 것은 쏘아서 잡고, 낮게 물속에 있는 것은 낚시로 잡을 수 있지만, 오직 사람의 마음은 지척에 있어도 그 사람의 마음은 헤아릴 수 없다.

사람의 마음은 참으로 알기 힘들다고 합니다. 내 마음이 어떤지 파악하기도 어려운데 상대방의 마음을 알기는 더욱 힘들 것입니다. 물속에 사는 물고기는 낚시로 얼마든지 잡을 수 있고, 하늘을 나는 기러기는 활을 쏘아서 얼마든지 잡을 수 있습니다. 그러나 인간의 마음은 바로 옆에 있어도 도무지 잡히지 않습니다. 평생을 함께 산 부부도 결국은 남이라 내 마음 같지 않다고 하는 마당에 만난 지 얼마 되지 않은 연인의 마음을 알기란 더욱 힘들겠지요. 한편으로 생각해보면, 사람의 마음은 무덤까지 가지고 들어간다 하니, 굳이 힘들여 상대방의 마음을 알려고 할 필요도 없어 보입니다. 내가 보는 상대방의 모습이 진심이려니 단순하게 생각하는 것이 오히려 좋은 관계를 유지하는 하나의 방법이 될 수 있습니다.

畫虎畫皮難畫骨이요 知人知面不知心이니라.

호랑이를 그리되 가죽은 그릴 수 있으나 뼈는 그리기 어렵고, 사람을 알되 그 사람의 얼굴은 알지만 그 속에 있는 마음은 알지 못한다.

이 글 역시 사람의 마음을 알기란 쉽지 않다고 말합니다. 호랑이를 그릴 때 가죽은 그럴싸하게 그려낼 수 있지만 뼈까지 속속들이 그릴 수는 없습니다. 사람도 면전에서 보이는 얼굴은 금방 알 수 있지만 그 속에 있는 마음까지는 알 수가 없습니다. 평소 가까이 지내던 사람이 갑작스레 등을 돌렸을 때 큰 절망감에 빠지기도 합니다. 그러나 본래 인간의 마음은 바위처럼 한자리에 있지 않고, 내 마음의 형태와 다른 이의 그것이 다르다는 사실을 인정하고 그대로 받아들여야 합니다. 타인의 마음이 휘두르는 날카로움에 내 마음이 다친다면 세상을 살며 만나는 사람들을 다 겪어내지 못할 것입니다. 잔바람에 흔들릴지언정 이내 평정을 찾는 나뭇가지처럼 꿋꿋이 마음을 다스리며 살아가야 합니다.

對面共話하되 心隔千山이니라.
얼굴을 맞대고 이야기는 하지만, 마음은 천 개의 산이 가로막고 있다.

참 쓸쓸한 구절입니다. 코앞에서 웃으며 이야기하는 사람의 마음이 천 개의 산을 넘어야 할 정도로 멀리 있다는 말입니다. 인간관계의 허망함을 느끼게 하는 글입니다. 기대가 커질수록 실망도 커지는 법입니다. 부모 자식 관계, 부부 관계, 형제 관계, 친구 관계는 서로 기대를 하게 됩니다. 당연하게도, 상대에 대한 기대가 반드시 충족되지는 않습니다. 그렇기에 때로는 상처를 주고받습니다. 의도치 않게 상대방을 아프게 하기도, 반대로 상대방 때문에 아프기도 합니다. 상처받는 입장이 되었을 때, 조금이라도 흉터가 작아질 수 있게 미리 생각해보는 것은 어떨까요? 몸은 붙어 있어도 사람 마음의 간격은 천 개의 산만큼 거리가 있다는 사실을 예방주사로 맞아둔다면 조금은 덜 아프지 않을까요?

_{빈 거 요 시 무 상 식} _{부 주 심 산 유 원 친}
貧居鬧市無相識이요 **富住深山有遠親**이니라.

가난하면 번화한 저잣거리에 살아도 서로 아는 사람이 없고, 부유하면 깊은 산중에 살아도 먼 곳에서 오는 친한 사람이 있다.

사람은 어디에서 사느냐가 중요한 것이 아니라 가진 것에 따라 사람들의 왕래가 결정된다는 말입니다. 요시鬧市는 시끄러운 저잣거리입니다. 사람이 늘 붐비고 가득 차 있는 곳입니다. 그런데 가난한 사람이 이런 곳에 살면 그를 알아주고 찾아주는 사람이 없습니다. 세상 사람들의 인정은 그 사람이 나에게 이익에 되느냐에 따라 움직이기 때문에 가난한 사람을 찾는 이는 없는 것입니다. 그러나 아무리 심산유곡에 살더라도 부자가 그곳에 있으면 찾아오는 사람이 줄을 잇습니다. 결국 사람의 정은 돈 있는 집으로 몰린다는 것입니다. 명절이 되면 부잣집에는 선물이 쌓이고 정작 선물이 필요한 가난한 집은 썰렁합니다. 참 안타까운 세상의 인심입니다.

_{인 의} _{진 종 빈 처 단}   _{세 정}   _{편 향 유 전 가}
人義는 **盡從貧處斷**이요 **世情**은 **便向有錢家**니라.

사람의 의리는 모두 가난함으로 끊어지고, 세상의 인정은 늘 돈 있는 집으로 향한다.

『명심보감』에 이런 글이 계속해서 등장하는 것은 사람들이 이렇게 살기 때문입니다. 사람이 가난해지면 그 집에 사람들의 출입이 뜸해집니다. 문지방이 닳도록 드나들던 사람도 집주인이 재산을 잃고 가난해졌다는 소식을 들으면 몇 번 찾아와 위로하다가 결국 발길을 끊어버립니다. 그래도 위로하는 척이라도 해주는 사람은 낫습니다. 가난해졌다는 소문이 들리면 행여 돈이라도 꿔달라고 할까봐 애초부터 발길을 끊어버리는 경우가 많습니다. 높은 자리에서 잘나가던 사람이 퇴직을 하면 점차 사람들의 연락이 뜸해진다고 합니다. 인간이란 동물이 워낙 이익과 손해에 민감한 존재이니 그것을 탓할 것은 없지만 인간관계가 돈 때문에 좌지우지되는 주변을 보고 있자니 안타깝습니다.

寧塞無底缸이언정 難塞鼻下橫이니라.
차라리 밑 빠진 항아리는 막을 수 있을지언정, 사람의 코 아래 가로놓인 것은 막기가 어렵다.

세상에 비밀은 없습니다. 말은 입에서 나감과 동시에 모든 사람들이 알게 된다고 생각하면 됩니다. 이것은 비밀이니 절대로 남에게 말하지 말라고 하지만 그것은 지켜질 수 없습니다. 오죽하면 '임금님 귀는 당나귀 귀'라는 이야기가 있겠습니까? 무저항無底缸

은 바닥底이 없는無 항아리缸입니다. 흔히 말하는 밑 빠진 항아리입니다. 밑 빠진 항아리에 물 채우기는 쉬운 일이 아닙니다. 물을 붓는 족족 밑으로 새어나가니 어렵지요. 그러나 차라리寧 밑 빠진 항아리는 채우려고塞 마음만 먹으면 채울 수도 있습니다. 아예 물속에 항아리를 담그거나 물을 동시에 엄청나게 부으면 잠깐은 채워지기 때문입니다. 밑 빠진 항아리에 물 채우기보다 어려운 일이 있습니다. 바로 사람의 입을 막는 것입니다. 사람의 입은 아무리 막으려 해도 막을 수가 없습니다. 인간은 자신이 알고 있는 것을 혼자만 간직할 수 없는 존재인가 봅니다. 이 구절은 사람의 입을 재미있게 표현하였습니다. 코鼻 아래下에 가로橫로 놓인 것. 인간관계가 틀어지고 사이가 멀어지는 이유 중에 하나가 비밀을 발설하는 것입니다. 남의 비밀을 다른 사람에게 이야기하거나 떠벌리고 다니면 결국 그 관계는 끝이 납니다. 아차, 하는 순간에 내 입에서 나간 이야기는 더는 비밀이 아님을 명심해야 합니다.

若聽一面說이면 便見相離別이니라.
약 청 일 면 설   변 견 상 이 별

만약 한 편의 말만 들으면 곧 서로 이별을 보게 된다.

누군가 나에게 다른 사람의 험담을 늘어놓으면 진심이든 아니든 맞장구를 치게 됩니다. 그러나 한 사람의 주장만으로 진실을 판단해서는 안 됩니다. 한쪽의 말만 듣고 판단하면 인간관계가 온전할 수 없습니다. 세상 어떤 일이든 양쪽의 이야기를 들어보아야 제대로 판단할 수 있습니다. 사람들은 대부분 자신의 입장에서 보기 때문에 나는 옳고 상대방은 그르다고 생각합니다. 한쪽 – 면面 이야기說만 듣고聽 이별離別을 결심했다면 나머지 한쪽의 이야기도 마저 듣고 결정해야 후회하지 않을 것입니다.

시 비 종 일 유　　　불 청 자 연 무
是非終日有라도 不聽自然無니라.
시비거리가 종일토록 있을지라도, 듣지 않으면 자연히 없어진다.

인간이 있는 곳엔 늘 시비是非가 따라오나 봅니다. 진종일 누가 옳고是 그르니非 하는 이야기뿐입니다. 이렇게 시비로 휩싸인 세상에서 다툼에 휘말리지 않고 사는 방법이 있습니다. 바로 듣지聽 않는 것입니다. 귀가 있는데 어찌 듣지 않을 수 있냐고요? 귀로는 들릴지라도 마음의 귀로는 흘려버리면 시비는 자연스럽게 내 곁에서 멀어지게 됩니다. 많고 많은 말에 휘말리지 않으려면 들려도 듣지 않는 마음 연습이 필요한 요즘입니다.

내 설 시 비 자　　　변 시 시 비 인
來說是非者는 便是是非人이니라.
와서 시비를 말하는 자는 곧 시비하는 사람이니라.

누군가 와서 누가 옳다느니 그르다느니 하며 시비를 논한다면 그가 바로 시비를 만들어낸 사람입니다. 사람들은 시비에 대한 자신의 생각을 마치 남의 이야기인 양 하는 경우가 있습니다. 누가 너를 욕했다는 둥 뒷담화를 한다면, 어쩌면 그가 시비를 거는 사람일 수 있습니다. 옳고 그름을 명확히 판별할 줄 아는 눈을 가져야 합니다.

擊壤詩云 平生에 不作皺眉事하면 世上에 應無切齒人이라
大名을 豈有鐫頑石가 路上行人이 口勝碑니라.

『격양시』에 말하였다. 평생 남의 눈썹 찡그릴 일을 하지 않고 살면 세상에서 나를 향해 이를 갈 사람이 없을 것이다. 훌륭한 이름을 어찌 딱딱한 돌에 새길 것인가. 길 가는 행인의 칭찬하는 입이, 비석에 새긴 이름보다 낫다.

나를 싫어하고 혐오하는 원수는 결국 내가 만들어낸 것입니다. 내가 평소에 상대방에게 상처를 주었기에 상대방도 나를 원수로 생각하는 것입니다. 그러니 평생平生 살면서 남의 눈썹眉 찡그릴皺 만한 일事을 하지 않고 살면 나를 향해 이齒를 갈切 사람도 없게 될 것입니다. 사람들은 자신의 흔적을 남기려 돌에 이름을 새기기도 합니다. 명산에 가면 큰 바위에 자신의 이름을 크게 새겨鐫 넣은

풍경을 봅니다. 참 어리석은 일이지요. 글자로 남긴 이름보다 선행을 베풀어 세상 사람들의 입에 오르내리는 이름이 더욱 의미 있습니다. 선행을 쌓고 이웃과 더불어 사는 삶을 실천하는 것이 진정 지혜로운 사람의 모습입니다.

언어言語
더없는 따뜻함과 치명적인 날카로움

劉會曰 言不中理면 不如不言이니라.
유회가 말하였다. 말이 이치에 맞지 않으면, 말하지 아니함만 못하다.

백 마디 이치에 맞지 않은 말을 하기보다 한 마디라도 이치에 합당한 말을 하는 것이 중요합니다. 어떤 사람들은 말은 많은데 도무지 이치에 맞지 않아 주변 사람들을 힘들게 합니다. 말을 많이 늘어놓는다고 상대방이 그 말에 동의하는 것이 아닙니다. 때때로 말없이 가만히 있는 것이 설득력 있을 때가 있지요. 침묵이 주는 묵직함이 상대방을 끌어당기는 힘으로 작용하는 것입니다.

一言不中이면 千語無用이니라.

한 마디 말이라도 이치에 맞지 않으면, 천 마디 말이라도 쓸모가 없다.

역시 이치에 맞는 한 마디 말의 중요성에 대해 언급한 부분입니다. 일언一言은 한 마디 말입니다. 부중不中은 이치에 적중하지 않는다는 뜻입니다. 말 한 마디를 하더라도 사리에 맞게 해야 합니다. 안 그러면 천 마디 말千語이라도 무용無用합니다. 사리에 맞는 말은 단 한 마디라도 강력한 힘을 발휘합니다. 어떤 말을 꺼낼 때는 이치와 상식에 맞는지를 먼저 고민한 후 신중하게 해야 신뢰를 얻을 수 있습니다.

군평왈 구설자 화환지문 멸신지부야
君平曰 口舌者는 禍患之門이요 滅身之斧也니라.
군평이 말하였다. 입과 혀는 재앙과 근심의 문이요, 몸을 망치는 도끼이다.

군평은 한나라 때의 역학자 엄군평嚴君平을 말합니다. 도가 철학을 연구하였기에 늘 세상을 살아가는 지혜를 역설하였습니다. 입口과 혀舌는 말을 하는 도구입니다. 그런데 이 도구를 잘못 사용하면 결국 화禍를 당하고 근심患의 뿌리가 됩니다. 나아가 내 몸을 완전히 망치는 滅身의 도끼斧가 될 수도 있습니다. 그러니 함부로 입을 놀리지 말라는 경고입니다. 사람들은 그 말이 어떤 결과를 불러올지 생각 없이 내뱉곤 합니다. 한번 내 입을 나간 말은 주워 담을 수 없습니다. 한 치 앞을 볼 수 없는 세상살이이기에 더욱 신중하게 생각하고 말하며 살아가야 합니다.

利人之言은 煖如綿絮하고 傷人之語는 利如荊棘하여
一言利人에 重值千金이요 一語傷人에 痛如刀割이니라.

사람을 이롭게 하는 말은 따뜻하기가 솜과 같고, 사람을 상처 나게 하는 말은 날카롭기가 가시와 같아서, 한 마디 말이 사람을 이롭게 함에 그 가치가 천금이 될 수 있고, 한 마디 말이 사람을 상처 나게 함은 그 아프기가 칼에 베이는 것과 같을 수 있다.

말에는 상대방의 마음을 녹여주는 따뜻함도 있고, 상대방의 마음에 씻을 수 없는 상처를 주는 차가움도 있습니다. 칭찬하고 위로하며 용기를 주는 말은 따뜻하기煖가 솜綿絮과 같아 상대방을 따뜻하게 감싸줍니다. 그러나 상대방에게 상처傷를 주는 말은 날카롭기利가 가시荊棘와 같아 상대방의 마음을 찌릅니다. 말은 상대방을 따뜻하게 해줄 때는 그 가치値가 천금千金같이 귀하고重, 상대방에게 상처를 줄 때는 그 고통苦痛이 칼로 베는割 듯한 아픔이 됩니다. 칼보다 날카로운 것이 말이라고 합니다. 칼에 베인 상처는 시간이 지나면 아물지만, 말에 베인 상처는 평생 아물지 않을지 모릅니다. 오히려 시간이 지날수록 선명하게 자리 잡을 수도 있습니다. 내가 아무런 의식 없이 내뱉은 말에 상대방은 평생 가슴 아플 수 있음을 잊어서는 안 됩니다.

逢人_{봉인}에 且說三分話_{차설삼분화}하고 未可全抛一片心_{미가전포일편심}이니
不怕虎生三個口_{불파호생삼개구}요 只恐人情兩樣心_{지공인정양양심}이니라.

사람을 만나거든 3할의 말만 하고 내 마음 전체를 다 털어놓아서는 안 된다. 호랑이가 내 앞에서 입을 세 번 벌리며 포효하는 것은 두렵지 않다. 다만 인간의 마음이 언제든지 변할 수 있는 양면임이 두렵다.

친한 사람에게 내 진심을 털어놓을 수 있다는 것은 참 다행입니다. 진심을 말함으로써 내 마음도 동시에 정리되는 경우가 많습니다. 그러나 내 한 조각 마음一片心을 전부全 털어놓다抛보면 고의로든 실수로든 상대방이 그 말을 다른 사람에게 옮기는 경우도 생깁니다. 그리하여 사람을 만날 때逢는 항상 내 진실의 30퍼센트三分만 말하라고 합니다. 호랑이가 내 앞에서 나를 잡아먹겠다고 으르렁거리는 것도 무섭지만, 인간의 감정에는 늘 이중성兩樣心이 있다는 사실이 더욱 두렵다는 말입니다. 그토록 믿었던 사람에게 털어놓은 이야기가 입에서 입으로 전해져 다시 내 귀로 들어올 때 그 배신감은 말로 표현할 수가 없습니다. 그래서 그런 일을 당할 때

마다 앞으로는 절대 다른 사람에게 내 마음을 다 털어놓지 않겠다고 다짐하기도 합니다. 그럼에도 불구하고 매번 같은 실수를 되풀이하며 말의 중요성을 느끼며 사는 게 인생인가봅니다.

친구 親舊
나를 젖어들게 하는 존재

酒食兄弟는 千個有로되 急難之朋은 一個無니라.
_{주 식 형 제   천 개 유   급 난 지 붕   일 개 무}

술 마시고 밥 먹을 때 형, 동생, 하는 친구는 천 명이나 있으나, 정작 급하고 어려울 때 나를 도와줄 친구는 하나도 없다.

세상을 살면서 어떤 친구를 만나느냐는 인생의 성공과 실패를 결정하기도 합니다. 좋은 친구를 만나서 인생에 큰 인연이 되기도 하지만 나쁜 친구를 만나면 인생을 실패로 인도하기도 합니다. 그래서 예로부터 친구를 사귀는 일은 무엇보다 중요한 인간관계로 생각했습니다. 친구를 선택할 때 사람마다 다양한 기준이 있습니다. 나와의 신뢰를 저버리지 않을 친구인가? 정직하게 살고 있는 친구인가? 『논어』에서 공자는 친구를 사귈 때 가장 중요한 원칙은 내가 배울 점이 있는 친구를 사귀는 것이라고 강조한 바 있습니다. 모든 사람은 각자 장점을 가졌고, 그 장점을 배우고 따라 하면서 나를 성장시키는 일은 친구를 통해서 가능합니다. 친구를 만나면서 나이를 따지고, 지위를 따지고, 배경을 따진다면 이익으로 만나는 것이라고 『맹자』에서 지적합니다. 이렇게 이익으로 얽힌 친구는 이익이 없어지면 쉽게 떠나버립니다.

　이익 때문에 만나는 친구를 주식형제酒食兄弟라고 합니다. 술酒 먹고 밥食 먹을 때는 형, 동생하면서 가깝게 지내다가 먹을 것이 없으면 매몰차게 떠나는 친구를 의미합니다. 이와 반대로 급急하고 어려울 때難 끝까지 옆에서 나를 도와줄 친구를 급난지붕急難之朋이라고 합니다. 이익과 상관없이 만났기에 끝까지 어려움을 함께할 수 있는 친구입니다. 내가 지금 만나는 친구 중 과연 급난지붕은 몇 명이나 될지 궁금해집니다. 내가 힘이 있고 가진 것이 있으면 많은 사람들이 사귀려고 모여들지만 내가 가진 것이 없어지면 흔적도 없이 사라지는 사람이 대부분입니다. SNS에서 수천 명의 팔로워를 갖고 있다고 해서 친구가 많은 것은 아닙니다. 바람처럼 다가왔다가 바람처럼 사라질 사람들이 대부분이기 때문입니다. 한 명이라도 나와 기쁨과 슬픔을 같이할 친구를 사귀는 것, 내가 먼저 누군가의 급난지붕이 되어주는 것이 진정 친구를 사귀는 기본이 아닐까요?

<ruby>相識<rt>상 식</rt></ruby>이 <ruby>滿天下<rt>만 천 하</rt></ruby>하되 <ruby>知心能幾人<rt>지 심 능 기 인</rt></ruby>고.

서로 얼굴을 아는 사람이 온 세상에 가득하지만 내 마음을 알아주는 사람은 몇이나 되겠는가?

앞서 말한 내용과 비슷한 맥락에서 생각할 수 있는 구절입니다. 인터넷에서 하루에 수십 명과 대화하고, 수백 명과 인연을 맺고, 친구 목록에 수천 명이 있어도 진정 내 마음을 이해하고 알아줄 이는 그리 많지 않습니다. 심지어 가장 가깝다고 생각했던 사람조차 내 마음을 몰라주고 야속하게 행동하는 경우도 있습니다. 그래서 많은 사람을 알고 지내는 것보다 진정 내 마음을 알아줄 몇 사람을 곁에 두는 것이 더욱 의미가 있지요. 지금 내 휴대폰의 주소록을 가만히 들여다보십시오. 그다음, 종이에 이름들을 찬찬히 적어보십시오. 언제고 전화해도 반갑게 받아줄 사람은 몇 명이나 되나요? 생일에 케이크 한 조각씩 나눠 먹으며 내 존재를 진심으로 축하해줄 사람은 정작 몇 명이나 될까요? 우리는 얼마나 깊은 만남을 이어가고 있는지 한번 생각해볼 필요가 있습니다.

<ruby>荀子曰<rt>순 자 왈</rt></ruby> <ruby>士有妬友則<rt>사 유 투 우 즉</rt></ruby>이면 <ruby>賢交不親<rt>현 교 불 친</rt></ruby>하고 <ruby>君有妬臣則<rt>군 유 투 신 즉</rt></ruby>하면 <ruby>賢人不至<rt>현 인 부 지</rt></ruby>니라.

순자가 말하였다. 선비에게 질투하는 벗이 있으면 훌륭한 친구가 가까

이하지 않고, 임금에게 질투하는 신하가 있으면 훌륭한 인재가 찾아오지 않는다.

친구를 사귀다보면 그를 독점하고 싶은 욕심이 들 때가 있습니다. 나하고만 친구 해야 하고 다른 사람하고 친구 하면 안 된다고 새끼손가락 걸고 약속했던 어린 시절의 기억은 아마 누구나 가지고 있을 것입니다. 나보다 다른 친구와 더 가깝다 싶으면 질투妬姤하기도 하고, 둘을 떼어놓으려 이간질하기도 합니다. 그러나 진정 내가 좋아하는 친구라면 나와는 다른 점을 가진 친구를 만나는 것을 이해하고 응원해야 합니다. 나 때문에 더 좋은 친구를 만나 새로운 경험을 하지 못한다면 그 또한 진정으로 친구를 아끼는 마음이 아니기 때문입니다. 다른 친구 만나는 것을 질투하는 친구를 일러 투우妬友라고 합니다. '질투의 친구'라는 뜻입니다. '투우'가 있으면 훌륭한 친구 '현우賢友'는 오지 않습니다. 조직에도 질투하는 사람이 있습니다. 내가 모시는 지도자가 나보다 더 훌륭한 사람을 만나는 것을 질투하는 신하입니다. 이런 사람을 투신妬臣이라고 합니다. 투신이 조직에 있으면 어떤 훌륭한 사람도 이 조직에 오려 하지 않습니다. 중간에서 질투하는 신하가 이간질하고 방해하기 때문입니다. 사랑하는 친구를 위해 나보다 훌륭한 친구를 만나게 하고, 사랑하는 조직을 위해 나보다 훌륭한 인재를 부르는 사람이 진정 아름다운 우정을 지켜나가는 사람입니다.

<ruby>家<rt>가</rt>語<rt>어</rt>云<rt>운</rt></ruby> <ruby>水<rt>수</rt>至<rt>지</rt>清<rt>청</rt>則<rt>즉</rt>無<rt>무</rt>魚<rt>어</rt></ruby>하고 <ruby>人<rt>인</rt>至<rt>지</rt>察<rt>찰</rt>則<rt>즉</rt>無<rt>무</rt>徒<rt>도</rt></ruby>니라.

『가어』에 말하였다. 물이 너무 맑으면 고기가 살 수 없고, 사람이 너무 따지고 살피면 따르는 친구가 없다.

이 구절은 속담으로 많이 알려져 있습니다. '물이 맑으면 고기가 살지 못한다'는 속담입니다. 100퍼센트 순수하고 맑은 것 속에는 어떤 생명체도 있을 수 없다는 뜻입니다. 사람도 너무 따지고 살피면 따르는 사람이 없습니다. 사람이 주변 상황을 인정하지 않고 자신이 갖고 있는 원칙만 고수한다면 결국 주위 사람은 떠날 수밖에 없습니다. 물론 원칙은 세상을 살아가려면 꼭 필요합니다. 그러나 스스로 만든 원칙에 매여 산다면 그건 더 이상 행복한 삶이 아닙니다. 친구 사이에는 원칙보다 더 중요한 것이 있습니다. 바로 상대방의 처지를 헤아리고 포용하는 마음입니다. 만나기만 하면 이러쿵저러쿵 문제만 지적하는 친구와는 관계가 오래 유지될 수 없습니다. 정말 친한 사이라면 그 친구의 입장에서 상황을 이해하고 품어주어야 합니다. 그래서 최고의 친구 관계를 '막역莫逆하다'고 합니다. '막역'은 친구가 어떤 상황에 처하더라도 거스르지逆 않고莫 이해해줄 수 있다는 말입니다. 허물 없이 친하고 서로 마음을 거스르지 않는 친구 사이를 막역지우莫逆之友라고 합니다. 물이 너무 맑으면 고기가 살 수 없듯이 사람도 너무 따지면 친구를 얻을 수 없다는 이 구절에서 친구의 단점마저도 포용할 수 있어야 진정한 친구라는 생각을 해봅니다.

王良曰 欲知其君인대 先視其臣하고 欲識其人인대
先視其友하고 欲知其父인대 先視其子하라 君聖臣忠하고
父慈子孝니라.

왕량이 말하였다. 그 나라의 임금을 알고자 한다면 먼저 그 아래 신하를 살펴보고, 그 사람을 알고자 한다면 먼저 그 사람의 친구를 살펴보고, 그 집의 부모를 알고자 한다면 먼저 그 집의 자식을 살펴보라. 한 나라의 임금이 성스러우면 그 신하는 당연히 충성스럽고, 그 집의 부모가 인자하면 자식은 당연히 효도한다.

배우자를 선택할 때 그 사람의 부모를 먼저 살펴보라는 말이 있습니다. 부모를 보면 자식이 어떤 사람인지 알 수 있다는 뜻입니다. 자식은 태어나서 부모를 보고 배우게 됩니다. 자식은 부모의 행동과 말 한 마디도 닮습니다. 그래서 그 사람을 알고 싶으면 먼저 그의 부모가 누구인지를 먼저 살피라는 것입니다. 아울러 그 사람이 어떤 친구와 사귀는지도 보면 그가 어떤 사람인지 알 수 있다고 합니다. 유유상종類類相從이라고 사람들은 생각과 삶의 태도가 같은 이들과 어울리기 때문입니다. 그 조직의 구성원들을 알려면 그 조직의 장長을 먼저 살펴보라는 말은 결국 그 조직의 지도자가 어떤 사람이냐에 따라 그 조직의 구성원도 결정된다는 것입니다.

물론 이 말이 완전한 진리는 아닙니다. 부모는 악행을 저질렀더라도 자식은 훌륭할 수 있고, 지도자가 문제가 있더라도 아랫사람은 현명할 수 있습니다. 말썽 많은 사람의 친구라 해서 반드시 그 역시 문제가 있다고 단정 지을 수는 없습니다. 그러나 인생을 살면서 어떤 부모에게서 자라고, 어떤 친구를 사귀고, 누구 아래에서 일하느냐는 그 사람의 현재를 알 수 있는 중요한 열쇠가 됩니다. 어리석은 임금은 자기의 악행을 오롯이 받아들이고 따르는 간신을 중요한 자리에 임명할 것입니다. 못된 사람은 자신의 악행을 같이할 친구를 사귈 것입니다. 부모의 나쁜 언행을 접하며 자란 자식 역시 그 영향을 받습니다. 인간은 홀로 있는 것이 아니라 관계 속에서 존재합니다. 관계의 질이 그 사람의 질을 결정하는 경우도 있다는 말입니다. 부모와의 만남은 자식이 선택할 수 없지만 적어도 친구와 상사 등 내가 어떤 사람들과 관계를 맺을지는 내가 선택할 수 있는 만큼 신중하게 결정해야 합니다.

子曰 木從繩則直하고 人受諫則聖이니라.
자왈 목종승즉직   인수간즉성

공자가 말하였다. 나무가 목수의 먹줄을 받아들이면 곧게 자라고, 사람이 타인의 충고를 받아들이면 훌륭해진다.

굽은 나무를 곧게 자르는 방법은 목수가 먹줄繩을 그어 그 선에 맞춰 나무를 재단하는 것입니다. 아무리 구부러진 나무라도 순순히 목수가 그은 먹줄을 인정하고 따르면從 곧은直 나무가 됩니다. 사람도 타인의 충고諫와 가르침을 받아들이면受 훌륭한聖 사람으로 성장할 수 있습니다. 남의 충고와 가르침을 인정하고 받아들이기는 쉽지 않습니다. 저마다 자기 생각과 고집이 있기 때문입니다. 순舜 임금은 다른 사람의 좋은 말을 들으면 길을 가다가도 그에게 절을 하여 예를 표했다고 합니다. 나의 잘못을 돌아보게 만들고, 나를 좋은 길로 인도하는 사람에 대한 존경의 표시였습니다. 인생을 살면서 누군가 나에게 정성 어린 충고를 한다면 기쁘게 받아들이세요. 당장은 기분이 나쁘겠지만 결국 나를 더욱 성숙한 모습으로 변화시키는 데 큰 도움을 주기 때문입니다. 좋은 약은 입에 쓰다고 합니다. 나를 성장하게 하는 남의 충고 역시 귀에 씁니다. 그러나 쓴 것을 참고 받아들이면 몸도 고치고 마음도 고칠 수 있습니다. 좋은 재목은 목수의 먹줄을 받아들여 만들어지고, 훌륭한 사람은 주변의 좋은 충고를 수용하여 만들어진다는 이 구절이 가슴에 깊게 와닿습니다.

<ruby>遠<rt>원</rt></ruby><ruby>水<rt>수</rt></ruby>는 <ruby>不<rt>불</rt></ruby><ruby>救<rt>구</rt></ruby><ruby>近<rt>근</rt></ruby><ruby>火<rt>화</rt></ruby>요 <ruby>遠<rt>원</rt></ruby><ruby>親<rt>친</rt></ruby>은 <ruby>不<rt>불</rt></ruby><ruby>如<rt>여</rt></ruby><ruby>近<rt>근</rt></ruby><ruby>隣<rt>린</rt></ruby>이니라.

먼 곳에 있는 물은 가까이서 난 불을 끄지 못하고, 먼 곳에 있는 친척은 주변의 이웃만 못하다.

당장 내가 급할 때 제일 먼저 나를 도와줄 이는 바로 지금 내 옆에 있는 사람입니다. 내가 쓰러지면 119에 전화를 걸어줄 이도 지금 내 옆에 있는 사람입니다. 아무리 친한 친척이나 친구라도 멀리 있으면 당장 나에게 닥친 어려움을 해결하는 데 도움을 줄 수 없습니다. '이웃사촌이 멀리 있는 친척보다 낫다'는 속담에서, 지금 내 옆에 있는 사람에게 더욱 잘하라는 뜻을 엿볼 수 있습니다. 『장자』에 보면 학철부어涸轍鮒魚라는 이야기가 있습니다. 말라버린涸 어느 수레바퀴 자국轍 속의 붕어鮒魚라는 뜻입니다. 당장 물 한 모금이 필요한 붕어에게는 나중에 아무리 많은 물을 준다고 해도 소용없습니다. 말라버린 수레바퀴 자국 속에서 물이 없어 죽어가는 붕어에게는 지금 한 잔의 물이 필요합니다. 우리는 가끔 '나중에'라는 말을 자주 합니다. 그러나 나중보다 중요한 것은 '지금 이 순간, 바로 여기'입니다. 나중에 백만금을 나에게 준다고 해도 당장 내 옆에서 내 고민을 들어줄 사람이 더욱 필요한거죠. 돈 많이 벌어 나중에 부모님을 잘 모시겠다는 자식보다 당장 전화 한 통화로 안부를 묻고 어깨를 주물러주는 자식이 진정 효자입니다. 먼遠 곳에 있는 물水로는 옆에 붙은 불을 끌救 수 없다는 자연의 이치를 통해 지금 내가 만나는 눈앞의 사람에게 잘해야 한다는 인간사의 지혜를 배우게 됩니다.

子曰 與善人居면 如入芝蘭之室하여 久而不聞其香이나
卽與之化矣요 與不善人居면 如入鮑魚之肆하여
久而不聞其臭나 亦與之化矣니

공자가 말하였다. 착한 사람과 같이 있으면 지초와 난초 가득한 방 안에 들어간 것과 같아서 오래되면 그 아름다운 향기를 느끼지 못하지만 곧 그 향기와 더불어 동화되고, 착하지 못한 사람과 같이 있으면 냄새나는 생선 가게에 들어간 것과 같아서 오래되면 그 악취를 맡지 못하나 또한 그 냄새와 더불어 동화된다.

丹之所藏者는 赤하고 漆之所藏者는 黑이라 是以로 君子는
必愼其所與處者焉이니라.

붉은 단사를 지니면 붉어지고 검은 옷을 지니면 검어진다. 그러므로 군자는 반드시 함께하는 자를 신중하게 결정해야 한다.

붉은색을 가까이하면 붉게 물들고, 검은색을 가까이하면 검게 물든다는 말이 있습니다. 그래서 사람은 누구와 함께할 것인가를 신중하게 결정해야 합니다. 관계 속에서 자신의 색이 나오기 때문입니다. 평소에 아주 상식적이고 건전했던 사람이 이상한 집단에 들어가 시간이 지나면 그 집단에 물이 들어 비상식적이고 불건전한 사람으로 변하는 경우가 있습니다. 오죽하면 강아지도 주인을 닮는다는 말이 있겠습니까? 강아지도 시간이 지나면 주인과 모습이나 습관이 비슷해진다는 것입니다. 오래 함께한 부부가 닮는 것, 미워하던 시어머니의 모습이 된 며느리의 경우도 같은 예입니다. 비슷한 것을 보고, 같은 것을 먹고, 같은 생각을 하다보면 시간은 두 사람을 서로 닮게 합니다. 꽃향기 가득한 곳에 있는 사람의 몸에는 꽃향기가 배고, 생선가게에 오래 있는 사람은 생선 냄새가 자신도 모르게 몸에 배게 됩니다. 정작 자신은 그 냄새를 맡지 못하게 되지만요. 세상을 살면서 어떤 사람과 어울리고 어느 장소에 머물 것인가는 참으로 중요한 일입니다. 사람들은 자신이 처한 환경에 익숙해지면 자신이 스스로 어떤 향기와 냄새를 갖고 있는지 망각하게 됩니다. 시간 날 때마다 스스로 어떤 향기를 갖고 있는지 돌아보아야 합니다.

家語云 與好人同行이면 如霧露中行하여 雖不濕衣라도

^{시시문유윤} ^{여무식인동행} ^{여측중좌}
時時聞有潤하고 與無識人同行이면 如厠中坐하여
^{수불오의} ^{시시문취}
雖不汚衣라도 時時聞臭니라.

『가어』에 말하였다. 좋은 사람과 함께 길을 가면 마치 자욱한 안개 속을 가는 것과 같아서 비록 옷이 젖지 않더라도 시간이 지나면서 옷에 물기가 배어 윤택하게 되고, 상식이 없는 사람과 함께 길을 가면 마치 뒷간에 앉은 것과 같아서 비록 옷이 더럽혀지지는 않더라도 시간이 지나면서 수시로 그 악취가 나게 된다.

안개霧露 속을 가노라면 옷이 당장 젖지는濕 않아도 시간이 지나면서 점점 축축해지게 됩니다. 이슬 정도야 당장 옷이 젖지 않는다고 우습게 봤다간 어느새 몸이 흠뻑 젖게 되지요. 뒷간에 들어서면 악취가 나지만 시간이 지나면 냄새에 익숙해집니다. 그러나 어느새 내 몸에는 악취가 배어버렸기에 만나는 사람들이 코를 막고 나를 피하게 됩니다. 인생을 살면서 어떤 사람과 함께하느냐는 당장 영향은 없는 듯 보입니다. 그러나 시간이 지나면서 안개가 옷에 스며들고 뒷간 냄새가 옷에 스며들듯이 결국 나를 변화시킵니다. 세상에 어떤 것도 하루아침에 변하지는 않습니다. 얼음이 얼기 위해서는 몇 번의 서리가 내려 사람이 밟고 또 밟는 과정이 있어야 합니다. 물이 끓으려면 섭씨 100도의 열이 있어야 하고, 겨울이 지나고 봄이 오려면 바람을 견디고 따듯한 에너지가 쌓여야 합니다. 변화는 우리 눈에 보이지 않지만 결국 시간이 지나면 일어납니다.

_{자 왈 안 평 중}　　_{선 여 인 교}　　_{구 이 경 지}
子曰 晏平仲은 善與人交로다 久而敬之온여.

공자가 말하였다. 안평중은 사람과 사귀기를 잘한다. 오랫동안 사귀어도 서로 공경한다.

관계를 맺은 지 오래될수록 상대방에 대한 존경심과 긴장감은 떨어지고 친근함에 편하게 대하게 됩니다. 편함을 넘어 심지어 친근함을 표시한답시고 무례한 행동을 할 때도 있습니다. 그러나 이렇게 상대방에 대한 최소한의 존경심을 잃어버리는 순간 관계는 내리막길로 들어섭니다. 남녀가 처음 만나 부부의 연을 맺고 오래 함께하면 서로 함부로 대하는 경우가 있습니다. 아무리 가까운 부부지간이라도 서로 존경심을 잃는 순간 부부 관계에 금이 갑니다. 우리 조상들은 부부 사이에도 말을 조심했습니다. 경어체로 상대방을 존중하였고, 상대방의 의견을 물어 대소사를 결정하였습니다. 내가 만나는 사람과 평생을 함께하고 싶다면 서로 존중하고 공경하는 마음이 있어야 합니다. 오랜 만남이 주는 익숙함에 기대어 상대방을 무시해서는 안 됩니다. 공경은 소중한 관계를 오랫동안 유지시켜주는 아름다운 덕목입니다. 안평중은 제나라 영공, 장

공, 경공 삼대를 보필하며 제나라를 춘추시대 가장 강력한 나라로 만들었던 재상입니다. 그는 비록 일인지하一人之下 만인지상萬人之上의 재상이었지만 인재를 아낄 줄 알았고, 아무리 자신보다 못한 사람이라도 공경하였습니다. 인재가 찾아왔다는 소식을 들으면 밥을 먹다가도 세 번 토하고 나가서 맞이할 만큼의 공경심이 있었기에 제나라를 최강의 나라로 만들 수 있었던 것입니다. 자신의 지위와 권력을 이용하여 상대방을 멸시하고 무시하는 사람은 성공할 수 없습니다. 늘 겸손과 공경으로 상대방을 대하는 사람이 결국 대업을 이루는 법입니다.

君子之交(군자지교)는 淡如水(담여수)하고 小人之交(소인지교)는 甘若醴(감약례)니라.
군자의 사귐은 담박하기가 물과 같고, 소인의 사귐은 달콤하기가 단술과 같다.

처음 만났을 땐 정말 내 마음을 알아주는 평생 친구가 될 것 같던 사람도 시간이 지나면서 실망하게 되는 경우가 있습니다. 반대로 시간이 지나면서 점점 진가가 나타나며 소중한 친구가 되는 경우도 있습니다. 오랜 시간이 지나도 물리지 않고 은근한 우정을 느끼는 친구를 '물'에 비유합니다. 물은 입에 달지는 않지만 오래 지나도 질리지 않고, 없으면 살 수 없는 물질이기 때문입니다.

달콤한 청량음료는 당장 입에 잘 넘어가지만 많이 마시면 질릴 뿐더러 몸에 해롭습니다. 친구도 마찬가지입니다. 처음 만났을 때는 모든 것을 다 줄 것같이 호들갑을 떨다가 시간이 지나면 언제 그랬냐는 듯이 뒤도 안 돌아보고 떠나는 사람은 청량음료처럼 달콤하지만 평생 함께할 친구는 아닌 것 같습니다. 예醴는 달착지근한 술입니다. 입에 들어갈 때는 달지만 곧 질리지요. 물과 공기는 색도 맛도 없지만 이것이 없으면 우리는 살 수 없습니다. 친구 관계에서도 서로 물 같은 존재가 되어준다면 세상 부러울 것이 없겠습니다.

路遙知馬力이요 日久見人心이니라.
<small>노 요 지 마 력　　일 구 견 인 심</small>

길이 멀어야 말의 힘을 알 수 있고, 날이 오래되어야 사람의 마음을 볼 수 있다.

천 리 길을 가봐야 천리마인줄 알고, 오래 사귀어봐야 어떤 사람인지 알 수가 있다는 말이 있습니다. 바로 명심보감의 이 구절에서 나온 것입니다. 자동차의 성능은 시내 주행만으로는 알 수 없습니다. 아무리 빨리 달리려 해도 막힌 길에서는 달릴 수가 없기 때문입니다. 그러나 고속도로에서 장거리를 달려보면 정말 좋은 차는 구별이 됩니다. 사람도 잠깐 사귀어서는 그의 진면목을 알 수 없습니다. 오랜 시간과 많은 일을 겪어보아야 진정 그 사람의 진심을 알 수 있습니다. 오랜 시간이 지나도 서로 존경하고, 어려울 때 힘과 용기를 주고, 억지로 내 곁에 두려고 하지 않고, 상대방을 그 자체로 인정하고 믿어준다면 진정 아름다운 친구라고 할 수 있습니다.

제3장

세상의 근본을 다스리는 한마디

처세 處世
존재함과 동시에 소멸하는 인간이기에

既取非常樂이어든 須防不測憂니라.
이미 특별한 즐거움을 얻었거든 모름지기 예측할 수 없는 미래의 근심을 대비해야 한다.

처세는 세상을 살아가는 지혜입니다. 한세상을 살아가면서 때로는 나서야 할 때도 있고, 잠깐 물러나야 할 때도 있습니다. 때로는 낮춰야 할 때도 있고, 강력하게 내 의견을 주장해야 할 때도 있습니다. 나에게 행복이 다가왔다고 마냥 좋아하는 것도 위험하고, 지금 힘이 든다고 의기소침하며 자포자기自暴自棄하는 것도 큰 문제입니다. 능력 있는 사람이 잘사는 것이 아니라 지혜로운 사람이 세상을 잘 살아갈 수 있습니다.

즐거움樂과 근심憂은 영원하지 않습니다. 즐거움 뒤에는 근심이 기다리고, 근심 뒤에는 즐거움이 기다립니다. 그러니 지금 이 행복이 영원하리란 생각도 하지 말고, 이 슬픔이 지속되리란 생각도 하지 말아야 합니다. 사람들은 행복이 찾아오면 그 기쁨에 빠져서 행복이 영원할 것이라는 착각을 하게 됩니다. 그러다 그 행복이 지나가고 불행이 다가올 때 아무런 대비 없이 당황해합니다. 『도덕경』에는 이런 말이 있습니다. '아, 행복이여. 그 뒤에 불행이 기다리고 있구나! 아, 불행이여. 그 뒤에 행복이 기다리고 있구나!' 행복과 불행은 늘 교차하며 인간의 삶에 끼어듭니다. 그러니 당장의 행복과 불행에 일희일비하지 않고 살아가는 지혜가 필요합니다.

得寵思辱하고 居安慮危니라.
총애를 얻거든 훗날 욕될 수 있음을 생각하고, 편안함에 거할 때는 훗날 위태함을 생각해야 한다.

즐거움樂과 근심憂이 교차하듯이 총애寵와 치욕辱, 편안함安과 위기危도 번갈아 옵니다. 즐거움의 끝은 근심이고, 총애의 끝은 치욕이며 편안함의 끝은 위기입니다. 그러니 누군가에게 총애받고 명예를 얻고 있다면 반드시 치욕도 있을 것임을 명심해야 합니다. 이런 생각은 도가道家의 기본 사유입니다. '반자도지동反者道之動'이라는 도덕경의 구절은 세상의 모든 움직임은 결국 극에 이르면 반전反轉이 된다는 뜻입니다. 달이 차면 기울고, 달이 기울면 다시 차게 됩니다. 성공이 있으면 실패가 있고, 행복 뒤에는 불행이 도사리고 있습니다. 이런 섭리를 알고만 있어도, 지금의 상태에 안주하지 않고 미래에 다가올 위기를 대비하는 지혜를 갖고 있는 것입니다. 건강할 때 충분히 쉬어주지 않으면 병들고 나서 후회합니다. 돈이 있을 때 검소하게 생활하지 않으면 가난해지고 난 후에 후회합니다. 권력이 있을 때 겸손하지 않으면 권력을 잃은 후에 후회합니다. 인생의 반전, 늘 대비하고 겸허하게 받아들여야 합니다.

榮輕辱淺하고 利重害深이니라.
영광이 가벼우면 그만큼 치욕도 적고, 이익이 크면 그만큼 손해도 깊다.

나에게 다가온 영광이 화려할수록 치욕도 큽니다. 나에게 이익이 크면 그만큼 손해도 막심합니다. 갑자기 돈을 벌어 재산이 늘어나면 가족 간에 관계가 소홀해질 수도 있고, 나쁜 길로 접어들 기회도 많아집니다. 누군가는 생각지 못한 지역 개발로 땅값이 올라 부자가 되었는데, 갑자기 생긴 큰돈으로 말미암아 가정이 깨지고 몸이 망가지는 화를 입었다고 합니다. 결국 땅값이 올라 이익이 된 것이 그 사람의 인생에 진정 절대적인 이익인지는 아무도 장담할 수 없습니다. 무소불위의 권력을 휘두르다가 결국 권력은 무너지고 몸은 감옥에 갇히는 경우도 많습니다. 그러니 나에게 권력과 이익이 다가오면 무조건 웃을 게 아니라 한 번 더 생각해보아야 합니다. 이익과 손해는 늘 같이 다니고, 영광과 치욕도 형제처럼 함께 옵니다. 세상에 어떤 일도 완전한 이익이 되거나 완전한 손해가 되는 일은 없습니다. 지금은 손해 같지만 나중에 이익이 되어 돌아오고, 지금은 이익 같지만 훗날 손해가 되어 돌아오는 경우가 많습니다. 인생을 살면서 일희일비一喜一悲하지 않는 평상심이 필요하다는 사실은 재차 언급해도 과함이 없습니다.

甚愛必甚費요 甚譽必甚毀요 甚喜必甚憂요
甚藏必甚亡이라.

심히 아끼면 반드시 심히 낭비할 것이요, 심히 칭찬받으면 반드시 심히 비난받게 될 것이오, 심히 기쁜 일이 있으면 반드시 심히 근심할 일이 뒤따르고, 심히 돈을 모으면 심히 다른 것을 잃게 된다.

세상 모든 일은 동전처럼 양면을 가졌습니다. 어떤 것을 깊이 사랑하면 반드시 그 사랑에 대한 대가를 치러야 합니다. 칭찬과 명예를 얻으면 반드시 그만큼 다른 쪽의 비난을 감수해야 합니다. 기쁜 일이 생기면 그 뒤에 슬픈 일이 뒤따르고, 많이 소유하면 또한 잃어버리는 것도 있음을 감수해야 합니다. 우주의 원리도 마찬가지입니다. 팽창과 수축, 생성과 소멸, 완성과 파괴는 늘 함께 존재합니다. 같은 원리로, 인간은 살아감과 동시에 죽어가고 있으며, 존재함과 동시에 소멸하고 있습니다. 그러니 사랑, 칭찬, 기쁨, 소유에 너무 집착하는 것은 좋지 못합니다. 이것이『명심보감』이 말하는 처세의 요점입니다.

> 心不負人이면 面無慙色이니라.
> 마음속에서 남을 배신하지 않았다면 얼굴에 부끄러운 빛이 없다.

세상을 살면서 참으로 중요한 태도 하나가 떳떳하게 사는 것입니다. 어떤 상황이든, 어떤 사람에게든 당당할 수 있다면 잘 사는 인생입니다. 사람이 떳떳하지 못하는 이유 중 하나는 마음속에 부끄러움이 있기 때문입니다. 내가 비난한 이 앞에 서면 마음이 부끄러워 떳떳할 수 없습니다. 내가 속인 사람 앞에서도 부끄러워 제대로 서 있을 수 없습니다. 얼굴이 붉어지고 가슴이 뛰는 이유는 그 누구에게가 아닌 스스로 켕기는 것이 있어서입니다. 언제 어디서든 고개를 당당하게 들 수 있는 삶을 살아야 합니다.

기본 基本
때를 기다리며 쌓아야 하는 것

景行錄云 木有所養이면 則根本固而枝葉茂하여
棟樑之材成하고 水有所養이면 則泉源壯而流派長하여
灌漑之利博하고 人有所養이면 則志氣大而識見明하여
忠義之士出이니 可不養哉아.

『경행록』에 말하였다. 나무를 잘 기르면 뿌리가 단단하고 가지와 잎이 무성하여 동량의 재목이 되고, 물을 잘 다스리면 샘의 근원이 힘차고 물줄기가 길어져 관개의 이익이 넓어지고, 사람을 잘 기르면 뜻과 기운이 커지고 식견이 밝아져 충의의 선비가 나올 것이니, 어찌 기르지 않겠는가.

교육은 사람의 능력을 계발하고 세상을 아름답게 하는 기본입니다. 앞서 말한 바와 같이, 자녀 교육은 집안일 중에 가장 중요하게 생각하였습니다. 비록 내가 못 먹고 못 입더라도 자식의 교육만큼은 포기하지 않겠다는 것이 우리 선조들의 생각이었습니다. 국가에서도 교육은 백년지대계라고 하여 그 어떤 정책보다 우선 시했습니다. 나무를 잘 기르면 큰 재목이 만들어져서 큰 집을 짓는 데 쓸 수 있고, 치수治水를 잘하면 물줄기를 이용하여 논밭에 물을 잘 공급할 수 있듯이 교육을 통해 훌륭한 인재를 양성할 수 있다는 믿음은 우리 민족의 기본 철학이었습니다.

天若改常이면 不風則雨요 人若改常이면 不病則死니라.
하늘이 만약 상도를 바꾸면 바람 불지 않아도 비가 오고, 사람이 만약 상도를 바꾸면 병이 나지 않아도 죽는다.

기본이 바로 서야 모든 일이 잘 풀린다고 합니다. 기본을 어기고 무시하는 순간 불행이 찾아옵니다. 인간이 기본을 잃는 순간 병이 들거나 심지어 사망에 이르게 될 수도 있습니다. 술을 지나치게 마시거나, 건강을 돌보지 않고 무리해서 일하면 사람의 몸에 이상이 생깁니다. 이런 이상 증세가 생기면 다시 처음으로 돌아가 내 몸을 살피고 쉬게 해야 합니다. 그런데 이런 기본을 생각하지 않고 계속해서 나아가면 결국 큰 화를 당하게 됩니다. '상常'이란 한자는 평범하지만 중요한 글자입니다. '평상심平常心' '상식常識' '상도常道' 등 기본을 의미하는 단어에 항상 들어 있습니다. 상도는 항상 지켜야 할 변하지 않는 도리를 뜻합니다. 기본이 튼튼한 사람이 결국 장기적으로 승리합니다.

역왈 덕미이위존　　지소이모대　　무화자선의
易曰 德微而位尊하고 智小而謀大면 無禍者鮮矣니라.
『주역』에 말하였다. 인격은 적으면서 지위가 높거나 지혜는 작으면서 꿈이 크다면, 화를 당하지 않는 자가 드물 것이다.

사람마다 그릇의 크기가 다르다고 합니다. 어떤 사람은 큰 인격과 능력을 담을 그릇이 되고, 어떤 사람은 고만고만한 인격과 능력을 담을 그릇을 가졌습니다. 그러니 자신의 그릇을 제대로 파악하지 않고 과도한 욕심을 부리면 큰 화를 입게 됩니다. 인격과 덕이 부족한 사람이 높은 자리에 오르면 많은 사람들의 구설수에 오르게 됩니다. 그릇도 안 되면서 높은 자리에 있는 것은 자신에게도 불행입니다. 나의 역량에 과분한 자리에 성큼 올라서서는 안 됩니다. 때로는 정중하게 사양하는 것도 나를 지켜나가는 지혜입니다. 지혜와 능력은 보잘것없는데 꿈이 커도 문제입니다. 자신의 능력은 돌아보지 않고 큰 꿈을 도모한다며 무리해서 일을 추진하면 결국 원하던 바도 이루지 못하고 몸은 망가집니다. 더 높은 자리에 오르려거나, 더 큰 꿈을 이루려면 그 목표를 이룰 수 있는 인격과 힘을 길러야 합니다. 『주역』에 '잠룡물용潛龍勿用'이라는 말이 있습니다. 아직 부족한 사람은 때를 기다리며 자신의 능력을 길러야 한다는 말입니다. 지혜로운 자는 내공을 쌓고 역량을 길러 때가 되었을 때 자리로 나아가고, 꿈을 도모합니다.

> 子曰 立身有義하니 而孝爲本이요 喪紀有禮하니
> 而哀爲本이요 戰陣有列하니 而勇爲本이요 治政有理하니
> 而農爲本이요 居國有道하니 而嗣爲本이요 生財有時하니
> 而力爲本이니라.
>
> 공자가 말하였다. 성공에는 원칙이 있으니 효도가 근본이다. 장례를 치를 때 지켜야 할 예가 있으니 슬퍼함이 근본이다. 전쟁터에서 전략이 있으니 용맹이 근본이다. 정치에 원리가 있으니 농사가 근본이다. 국가를 경영하는 데 방법이 있으니 후계자를 잘 세우는 것이 근본이다. 재물은 얻는 데 때가 있으니 노력이 근본이다.

기본과 근본을 알면 성공이 보입니다. 성공하고 싶으면 부모에게 효도하는 것이 기본입니다. 내가 부모에게 효도하면 밖에 나가서도 역할을 제대로 수행하고 윗사람의 신임을 얻습니다. 장례를 치를 때도 기본이 있습니다. 아무리 좋은 수의를 마련하고 조문

객이 줄을 서고 조화가 쌓여 있어도 진정한 애도가 없다면 온전한 장례식이 아닙니다. 망자에 대한 산 자의 진심 담은 슬픔이 장례식의 근본입니다. 전쟁터에서 승리할 가장 뛰어난 전략은 바로 전사들의 용기입니다. 무기와 군량미, 전략과 전술은 전쟁에서 이기기 위한 요소이지만 병사들의 용기가 없으면 무용지물입니다. 정치에서 가장 중요한 본바탕은 국민들을 배불리 먹이는 일입니다. 경제가 안정되지 않고 사람들은 굶고 있다면 아무리 좋은 이념과 체제를 지녔더라도 실패한 정치입니다. 국가 경영의 근본은 후계자를 잘 기르고 선정하는 일입니다. 후계자를 양성하고 그 후계자에 대한 검증과 선택이 없으면 국가를 건강히 경영해갈 수 없습니다.

『논어』에 '기본이 바로 서야 세상에 도가 펼쳐진다 本立道生'라는 구절이 있습니다. 본바탕이 제대로 확립되지 않으면 나아갈 길이 펼쳐지지 않습니다. 문제가 생겼을 때 기본에 충실하여 처음부터 차근차근 해결해나간다면 쉽게 풀릴 것입니다.

景行錄云 爲政之要는 曰公與淸이요 成家之道는
曰儉與勤이니라.

『경행록』에 말하였다. 정치의 요체는 공평과 청렴이요, 집안의 성공 도리는 검약과 근면이다.

정치는 공평함과 공직자의 청렴을 기본으로 합니다. 권력을 사유화하고, 부정한 돈을 받아 개인의 욕심을 채운다면 결국 나라는 망하고 몸은 망신을 당할 것입니다. 국민들은 공직자가 똑똑하다는 이유로 존경하지 않습니다. 국민을 대신해 공평하게 일을 처리하고, 청렴하게 살 때 믿음을 보냅니다. 공직에 있는 사람들이 부패腐敗하고 사욕私慾을 채우면 국민들의 신임은 사라지고 나라는 큰 재앙을 만나게 됩니다. 마찬가지로 어떤 집이 성공하느냐 실패하느냐는 검소함과 근면함에 달려 있습니다. 조상을 잘 만나 유산을 많이 물려받았더라도 아낄 줄 모르고 사치를 일삼는다면 돈은 언젠가 바닥나게 됩니다. 놀고먹는 것이 당장 몸은 편하더라도 결국에는 패가망신하는 지름길입니다. 부지런하고, 검소하되 내가 가진 것을 나눌 줄 알고, 이웃을 위해 내 힘을 보태줄 수 있음에 기쁨을 느낄 줄 안다면 근본이 바로 선 집안이라 할 수 있습니다.

讀書는 起家之本이요 循理는 保家之本이요 勤儉은 治家之本이요 和順은 齊家之本이니라.

공부는 집안을 일으키는 근본이요, 순리대로 사는 것은 집안을 보존하는 근본이요, 근면과 검소함은 집안을 이끄는 근본이요, 화목과 순종은 집안을 경영하는 근본이다.

이 구절은 집안 경영의 근본을 열거하고 있습니다. 공부, 순리, 근면, 검소, 화목, 순종의 덕목은 집안을 일으키고 보존하고 이끌고 경영하는 바탕이 된다는 것입니다. 이것이 어찌 집안 경영에만 적용되겠습니까? 이는 동시에 인간의 근본이 되는 덕목입니다. 열심히 공부하고 새로운 가치로 무장하여 삶의 방향을 바르게 잡고 사는 사람, 무리하지 않고 순리대로 세상에 대응하는 사람, 부지런하고 검소하게 삶을 이어가는 사람, 주변 사람들과 화목하게 지내는 사람은 결국 성공에 가까이 가는 사람입니다. 삶의 성공은 근본을 잘 다지고 지켜나가는 데 달렸습니다.

유산 遺産
많이 들을수록 남는 말, "덕분입니다"

司馬溫公曰 積金以遺子孫이라도 未必子孫能盡守요
積書以遺子孫이라도 未必子孫能盡讀이니
不如積陰德於冥冥之中하여 以爲子孫之計也니라.

사마온공이 말하였다. 돈을 모아서 자손에게 물려주어도 반드시 자손이 그 물려받은 재산을 다 지킬 순 없다. 책을 모아서 자손에게 물려주더라도 반드시 자손이 그 책을 다 읽을 순 없다. 남모르게 음덕을 쌓아서 자손에게 물려주는 계책만 한 유산은 없다.

돈을 모아서 자식에게 물려줄 것입니까? 돈을 유산으로 물려주면 그 때문에 자식 간의 의가 상할 수도 있습니다. 차라리 남을 돕고 베풀어 쌓은 음덕陰德을 자식에게 물려주십시오. 독립운동가이

자 민족 기업을 일구신 기업가 유일한 선생은 자신의 재산을 모두 사회에 환원함으로써 가장 아름다운 유산을 자손에게 물려주었습니다. 음덕은 남모르게陰 베푼 선행德이라는 뜻입니다. 남이 알아주기를 바라며 모두가 보는 가운데 베푼 선행이 아니기에 당장은 빛이 안 나지만 결국 자손들에게 복이 되어 돌아갈 것입니다. 주변 사람들을 돌아보고, 그들의 배고픔과 고통을 함께 나눈 아름다운 인생의 덕이 음덕입니다. 우리가 상대방에게 고마움을 표시할 때 "덕분입니다!"라고 말하는 것은 상대방의 음덕에 감사하는 것입니다. 내가 상대방을 도와준 것을 과시하려 한 덕행은 음덕이 아닙니다. 매출액이 많다고 명문 기업이 될 수 없고, 돈이 많다고 명문가名門家가 될 수 없습니다. 그 기업이, 집안이 어떤 가치를 추구하고 있는가에 따라 '명문'이라는 이름을 붙일 수 있습니다. 앞서 말한 바 있는 경주 최부자 집은 나눔을 실천하여 명문가가 된 집안입니다. 흉년이 들어 마을 사람들이 굶주림에 허덕일 때 곳간의 쌀을 방출하여 백 리 안의 이웃들에게 덕을 베풀었고, 길 가는 배고픈 나그네의 배를 채워주었습니다. 부자는 삼대를 못 간다는 말은 이 집안에는 예외로 적용됩니다. 자자손손 부자로 살 수 있었던 것은 바로 이러한 음덕을 유산으로 남겨주었기 때문입니다.

　우리는 나와 내 가족이 풍족하게 살 수 있도록 돈을 법니다. 거기서 한 발 나아가 이웃과 그 부를 나눈다면 결국에는 더 많은 자손이 잘될 것입니다. 어느 성공한 부자가 자신이 번 돈 200억 원을 사회에 환원하면서 이렇게 말했습니다. "자식에게 일정 금액 이상의 돈을 물려주는 것은 독입니다. 독립심과 창의력이 없어지고 절약과 저축의 미덕도 모르는 자식을 만들 뿐이지요. 자식에게는 유산을 남기지 않는 게 남겨주는 것입니다. 내 자식이 편하기를 원한다면 자식한테 돈을 물려줄 게 아니라 사회를 편하게 만들면 된다는 게 나의 기본적인 생각입니다. 요즘 국내 대표 기업들의 총수가 자식에게 기업을 물려주기 위해 온갖 편법을 쓰다 망신당하고 있는데 창피한 일입니다. 돈이라는 건 성취 과정에서 따라오는 즐거움일 뿐 그 이상도 이하도 아닙니다. 내가 성취한 것을 자식에게 줄 게 아니라 자식도 스스로 성취의 기쁨을 맛보아야 하지 않겠습니까?" 과도한 유산은 곧 독이라는 생각이 『명심보감』의 뜻입니다. 평소에 남에게 은혜를 베풀고 배려하는 삶의 태도로 음덕을 쌓았다면 자식의 인생에 가장 큰 유산을 남겨놓은 셈입니다.

疏廣曰 賢人多財면 則損其志하고 愚人多財면
則益其過니라.

소광이 말하였다. 현명하고 똑똑한 사람이 재산이 많으면 그의 꿈이 손상될 수 있다. 어리석고 못난 사람이 재산이 많으면 인생에 과오가 많아질 수 있다.

부모에게 물려받은 재산이 많으면 결국 자손에게 해가 될 수 있다는 깊은 성찰입니다. 똑똑하고 재능이 있는 사람에게 돈이 너무 많으면 부모에게 물려받은 재산의 든든함으로 마음에 품었던 꿈을 이루고자 하는 절박함이 부족해집니다. 더욱 문제는 어리석은 사람이 부모에게 물려받은 재산이 많은 경우입니다. 사리 판단 능력이 부족해, 재력으로 온갖 파렴치한 일을 행하고 가서는 안 될 곳에 다니며 흥청망청 돈을 탕진하는 경우를 흔히 볼 수 있습니다. 자식에게 물려준 과도한 유산이 오히려 자식을 망치는 독이 되어버린 것입니다. 자식에게 재산을 물려주기보다는 평소에 남에게 베풀고 배려하십시오. 그것이 결국 자손에게 재산보다 더 가치 있는 복으로 돌아올 것입니다.

景行錄曰 恩義를 廣施하라 人生何處不相逢이랴 讐怨을
莫結하라 路逢狹處면 難回避니라.

『경행록』에 말하였다. 은혜와 의리를 널리 베풀고 살아야 한다. 인생을 살면서 어느 곳에서 서로 다시 만나지 않겠는가? 원수와 원한을 맺지 말아야 한다. 길 가다 좁은 곳에서 만나면 피하기가 어렵다.

'원수는 외나무다리에서 만난다'는 속담이 유래한 『명심보감』의 구절입니다. 당장 내 이익을 위해 상대에게 야박하게 굴면 결국 피할 수 없는 운명처럼 나쁜 결과가 나에게 돌아옵니다. 당장에는 다시 만날 일이 없으리라 생각하지만 자손끼리 언젠가 만나 악연이 될지도 모를 일입니다. 10년 전 집주인이 세 든 사람에게 야박하게 굴었는데 10년 후 상황이 역전되어 만났다는 이야기가 있습니다. 세상사는 언제 어떻게 바뀔지 알 수 없습니다. 운이 좋아 그런 상황에 처하지 않더라도 많은 사람에게 덕을 베풀고 인정을 남겨주는 것이 자손을 위한 진정한 유산입니다. 현재 내 위치에서 선행을 베풀고 인간의 도리를 지키는 것, 어쩌면 그 어떤 유산보다도 자손에게 값진 자산이 될 수 있습니다.

성품 性品
늘 푸르른 것, 늘 향기를 간직하는 것

景行錄云 人性이 如水하여 水一傾則不可復이요
性一縱則不可反이니 制水者는 必以堤防하고 制性者는
必以禮法이니라.

『경행록』에 말하였다. 사람의 성품은 마치 물과 같아서 물이 한번 쏟아지면 다시 담을 수 없듯이 성품도 한번 방종하면 돌이킬 수 없으니, 물을 제어할 때는 반드시 제방을 쌓아서 막듯이 성품을 제어할 때는 반드시 예의와 법도로 하여야 한다.

인간의 본성은 착한가? 아니면 악한가? 이 질문을 둘러싼 논쟁은 끝나지 않을 것입니다. 인간의 본성은 착하다는 관점에서 보면 인간은 착하게 태어났지만 후천적인 삶 속에서 악하게 변하니, 끊임없이 인성을 닦고 관리해야 한다는 것입니다. 인간의 본성은 원래부터 악하다는 관점에서 보면 인간은 악하게 태어났으니 살면서 교육이나 훈육을 통해 착한 인성으로 변모시켜야 한다는 것입니다. 두 관점의 시작은 다르지만 결국 둘 다 인간의 인성은 계속해서 교정하고 관리해야 한다고 봅니다. 문제는 '어떤 방법을 통해 인성을 바른 방향으로 유지하고 교정할 것인가?'입니다. 이 글에서는 그 해답을 인간이 만든 예의와 법도에서 찾습니다. 물이 한번 쏟아지면 다시 주워 담을 수 없듯이 인간의 인성도 한번 망가지면 다시 회복하기 어려우니, 물을 막기 위해 제방을 쌓듯이, 인성이 잘못되는 것을 막으려면 예의와 법도로 끊임없이 인성 교육을 해야 한다고 말입니다.

2014년 12월 세계 최초로 '인성교육진흥법'이 국회를 통과하여 시행되었습니다. 그러나 그 실효성을 놓고 갑론을박이 이어지고 있습니다. 과연 인간의 인성을 교육을 통해 관리하거나 교정할 수 있느냐는 논점입니다. 괜히 사교육 시장만 더 늘릴 뿐이라는 주장도 있고, 반대로 인성의 문제가 어느 때보다도 중요하니 어떤 방법으로든 인성 교육을 제도화하여 정착시켜야 한다는 목소리도 있습니다.

옛날 가정교육의 핵심은 인성 교육이었습니다. 인성이 제대로 되지 않은 사람은 관직에 오르거나 사회에서 인정받기가 사실상 힘들었습니다. 조부모를 공경하고, 부모에게 효도하며, 형제와 우애 깊게 지내고, 이웃들과 원만한 관계를 유지하며, 자신에게는 엄격하고 남에게는 따뜻하게 대하는 마음, 책임감과 정직함 등 인간의 기본 인성은 한 사람을 평가하는 가장 중요한 기준이었습니다. 그러나 핵가족화되고 맞벌이 부부가 많아진 현대사회에서 더는 인성 교육을 가정에서 맡기가 힘들어졌습니다. 또, 시험 성적이 우수하면 그 사람의 인성과 상관없이 상급 학교에 진학하고, 좋은 직장을 얻을 수 있는 세상이 되었습니다. 어렵게 고시에 합격하고 높은 공직에 오른 사람이 부정을 저질러 감옥에 가고 사회적 지탄을 받는 일은 너무나도 흔합니다. 소위 스펙은 좋은데 인성은 엉망인 사람이 많다는 사실이 안타깝습니다. 그러나 세상의 이치는 결국 됨됨이가 된 사람을 필요로 합니다. 인성은 기술이나 꾸밀 수 있는 표정이 아니라 근본적인 삶의 태도를 말합니다. 내가 누구이고, 무엇을 지향하고 어떤 가치관과 세계관을 가지고 사는가에 대한 근본적인 물음과 대답이 인성 교육의 시작입니다.

益智書云 白玉은 投於泥塗라도 不能汚穢其色이요 君子는
行於濁地라도 不能染亂其心하나니 故로 松柏은
可以耐雪霜이요 明智는 可以涉危難이니라.

『익지서』에 말하였다. 백옥은 진흙 속에 던져도 그 흰빛이 더럽혀지지 않고, 군자는 혼탁한 곳에 갈지라도 그 마음이 더럽혀지거나 어지러워지지 않는다. 그러므로 소나무와 잣나무는 겨울의 눈과 서리를 견디며 푸른빛을 유지할 수 있고, 현명하고 지혜로운 사람은 어려운 위기를 무사히 건너갈 수 있다.

『논어』에서 공자는 추운 겨울이 되어야 소나무와 잣나무가 뒤늦게 시드는 것을 알 수 있다고 하였습니다. 사람도 어렵고 힘든 상황이 되어보아야 그 사람의 본질을 알 수 있습니다. 백옥은 진흙에 던져지더라도 자신의 흰빛을 잃지 않듯이, 성숙한 사람은 어떤 어려움 속에서도 자신의 색깔과 향기를 잃지 않습니다. 행복이란 좋은 환경에만 존재하는 것이 아닙니다. 상황이 나쁘게 변하더라도 마음속에 희망의 빛이 바래지 않는다면 그것이 진정한 행복입니다. 인생을 살다보면 내 의사와 상관없이 잦은 환경의 변화가 따라옵니다. 때로는 부귀가 찾아와 나를 시험하기도 하고, 때로는 가난이 다가와 나를 절망에 빠뜨리기도 합니다. 그런 환경의 변화 속에서 의연하게 중심을 잃지 않는다면 그것이 군자의 모습이고 대장부의 기개입니다.

공자는 흔들리지 않는 마음의 상태를 '불혹不惑'이라고 하였습니다. 맹자는 이런 마음의 평정을 '부동심不動心'이라고 정의하며 호연지기浩然之氣를 갖고 담담하게 환경의 변화에 대처하는 대장부의 기개를 강조하였습니다. 도무지 한 치 앞도 예상할 수 없는 살얼음판을 걸으면서도 꽃길을 꿈꾸는 것이 우리의 인생입니다. 그러나 살얼음판 위에서도 자신의 길을 잃지 않고 한 걸음씩 앞으로 나가는 인생은 경이롭습니다. 백옥의 순결함, 소나무와 잣나무의 푸르름을 담고 싶은 오늘입니다.

후회後悔
건강한 긴장을 유지하는 생활

寇萊公六悔銘云 官行私曲失時悔요 富不儉用貧時悔요

구래공의 「육회명」에 말하였다. 관직에 있는 사람이 사사로이 굽은 일을 행하면 벼슬을 잃었을 때 후회하고, 부자가 검소하게 돈을 사용하지 않으면 가난해졌을 때 후회하고,

藝不少學過時悔요 見事不學用時悔요

어렸을 때 재주를 제대로 배우지 않으면 시기가 지났을 때 후회하고, 어떤 일을 당했을 때 제대로 배워놓지 않으면 필요할 때 후회하고,

醉後狂言醒時悔요 安不將息病時悔니라.

술에 취해 함부로 말하면 술에서 깨었을 때 후회하고, 몸이 편안하고

> 건강할 때 충분히 쉬지 않으면 병이 들었을 때 후회하게 된다.

구래공은 북송 때의 강직한 신하로 알려진 구준寇準입니다. 북송의 황제 진종을 도와 요나라의 공격을 막아낸 신하로 유명합니다. 그가 남긴 이 여섯 가지 후회의 글은 공직에 있는 사람뿐만 아니라 일반 사람들도 늘 새겨야 합니다. 사람들은 권력을 갖고 있을 때 그 권력을 자신을 위해 쓰려고 합니다. 친인척을 위해 불법을 자행하고, 사리사욕을 채우려 권력을 남용합니다. 그러나 권력의 남용으로 훗날 벌을 받게 되어 후회하더라도 때는 이미 늦었습니다. 감옥에 갇힌 후 평범했던 시절로 돌아가고 싶어해도 이미 때는 늦었기에 후회해도 소용없습니다. 돈이 좀 있다고 흥청망청 써대면 결국 가난해지고, 후회해도 늦습니다. 건강은 무사할 때 지켜야 합니다. 적절하게 휴식을 취하고 운동해야 병을 막을 수 있습니다. 술을 마실 때는 늘 깨고 난 뒤에 후회함을 명심해야 합니다. 술만 먹으면 남들과 언쟁을 하고 시비를 거는 등의 주벽은 결국 돌이킬 수 없는 상황을 만들어내기도 합니다. 후회 없이 세상을 살아갈 수는 없지만 미리 조심하고 경계한다면 후회할 일이 적어지게 됩니다. 특히 일이 잘되고 큰 문제가 없을수록 더욱 건강한 긴장을 유지해야 합니다.

生事事生이요 省事事省이니라.

일을 만들면 일이 생기고, 일을 덜면 일이 줄어든다.

사람들은 늘 바쁘다고 말합니다. 수첩에 약속이 빼곡히 차 있고, 종일 분주하게 움직입니다. 그러나 가만히 생각해보면 나를 바쁘게 만든 것은 나입니다. 내가 약속을 잡고, 일도 내가 만들었습니다. 바쁘다고 하기 전에 스스로 감당할 수 있는 만큼만 일을 선택하면서 시간에 틈을 만들어준다면 하루가 한결 넉넉해질 것입니다.

위기 대응 危機對應
| 일희일비하지 않는 습관

<u>一派靑山景色幽</u>러니 <u>前人田土後人收</u>라
일 파 청 산 경 색 유   전 인 전 토 후 인 수
<u>後人收得莫歡喜</u>하라 <u>更有收人在後頭</u>니라.
후 인 수 득 막 환 희   갱 유 수 인 재 후 두

한 줄기 푸른 산은 굽이굽이 경치가 그윽하구나. 앞사람이 갖고 있었던 토지를 뒷사람이 갖는구나. 뒷사람이여, 당신이 가지게 된 것을 기뻐하지 마라. 다시 그 토지를 가질 사람이 바로 네 머리 뒤에 서 있느니라.

세상에 그 어떤 것도 영원한 내 것은 없습니다. 잠시 소유하고 있을 뿐이지 언젠가는 다른 사람의 차지가 됩니다. 내 이름으로 된 토지는 결국 다른 사람에게 넘어가고, 내가 소유한 집과 돈 또한 누군가의 소유로 이전됩니다. 그런데 사람들은 자신이 소유한 것이 영원하리라 착각하여 집착합니다. 더 많이 소유하기 위하여

끊임없이 경쟁합니다. 과한 소유욕 때문에 내 몸이 망가지고 내 인생마저 시든다는 것을 모릅니다. 이런 이치를 깨달은 사람에게는 위기가 좀처럼 닥치지 않습니다. 소유물은 영원하지 않다는 생각을 가진 사람은 내려놓고 비울 수 있는 자세가 늘 준비되어 있기 때문입니다. 그런 이야말로 진정 인생의 위기 관리가 가능한 사람입니다. 철학자 에리히 프롬은 소유보다는 존재에 더욱 의미를 두라고 하였습니다. 소유에 집착하고 인생의 목표를 두는 것보다 '나는 지금 어떻게 존재하느냐'가 인생의 화두가 되어야 한다는 말입니다. 인생을 살면서 다가오는 위기들, 그 위기의 주변에는 소유에 대한 집착이 늘 서성거림을 잊지 말아야 합니다.

자 왈 불 관 고 애　　하 이 지 전 추 지 환　　불 림 심 천

子曰 不觀高崖면 何以知顚墜之患이며 不臨深泉이면

하 이 지 몰 닉 지 환　　　불 관 거 해　　하 이 지 풍 파 지 환

何以知沒溺之患이며 不觀巨海면 何以知風波之患이리오.

공자가 말하였다. 높은 낭떠러지를 보지 않으면 어찌 떨어지는 근심을 알 것이며, 깊은 물에 다가가지 않으면 어찌 빠져 죽는 근심을 알 것이며, 큰 바다를 보지 않으면 어찌 모진 파도의 무서움을 알겠는가?

높은 언덕을 보지 못한 사람에게는 '떨어진다'는 개념 자체가 없습니다. 한 번도 떨어질 수 있는 위치에 서보지 않았기 때문입니다. 깊은 물을 느껴본 적이 없는 사람은 '빠진다'는 개념을 알지 못합니다. 한 번도 빠지는 곳에 가본 적이 없기 때문입니다. 넓은 바다에 나가보지 못한 사람은 파도가 얼마나 무서운지 알 수 없습니다. 한 번도 파도를 본 일이 없기 때문입니다. '아는 것만큼 보인다'는 말이 있습니다. 한마디 덧붙이자면, 경험한 만큼 보입니다. 경험은 인간에게 많은 것을 줍니다. 비록 고된 경험이라도 지나고 나면 새로운 위기를 이겨낼 지혜를 얻습니다. 높은 언덕高崖, 깊은 물深泉, 넓은 바다巨海, 모두 어려운 위기를 만날 수 있는 곳입니다. 인생의 고비를 지나기 위해서는 경험치가 필요합니다. 젊어 고생은 사서도 한다는 속담도 이를 역설한 말입니다. 젊은 시절 다양한 도전은 훗날의 성공을 향한 밑거름이 됩니다. 살면서 넘어지고 엎어져도 다시 일어날 힘이 될 것입니다.

欲知未來인대 先察已然이니라.
미래를 알고자 한다면, 먼저 이미 지나간 일을 살펴야 한다.

미래에 다가올 일을 예측하는 방법에는 무엇이 있을까요? 해마다 연초면 점술가에게 한 해 운수를 보는 사람들로 넘쳐난다고 합니다. 그만큼 미래는 불확실하고 알 수 없다는 얘기이기도 하지요. 그러나 지나간 과거의 흔적과 사건을 살펴보면 미래에 대한 예측이 가능합니다. 내가 과거에 어떻게 살았는지가 미래에 내가 어떻게 살지를 말해줍니다. 미래는 과거와 현재를 근거로 만들어지기 때문입니다. 평소에 노력도 기울이지 않고 산 사람이 미래에 성공하기는 쉽지 않습니다. 올림픽에서 금메달을 딸 운동선수를 알려면 누가 어떻게 얼마만큼 연습하였는지 살펴보면 됩니다. 물론 언제나 변수는 존재하기에, 과거와 미래가 반드시 일치하진 않겠죠. 그러나 세상 일엔 대체로 인과관계가 작용합니다. 어떤 결과든 과거의 어떤 흔적이 인연이 되어 일어납니다. 이연己然은 이미己 그러했던 것然입니다. 미래未來는 이미 벌어졌던 일의 결과입니다. 위기는 예측할 수 있다고 합니다. 위기를 잘 넘기고 극복하는 사람은 과거를 보고 지혜를 얻어 앞날을 대비한 것입니다.

天有不測風雨하고 人有朝夕禍福이니라.
하늘에는 예측할 수 없는 비바람이 있고, 인간에게는 아침저녁으로 변하는 행복과 불행이 있다.

하늘이 언제나 맑고 푸를 수는 없습니다. 때로는 비가 내리기도 하고, 바람이 불기도 합니다. 아무리 슈퍼컴퓨터로 날씨를 예측하려고 해도 하늘의 소관이라 정확하게 알 수는 없습니다. 인간사에도 예측할 수 없는 행복과 불행이 공존합니다. 아침에는 행복했는데 저녁에는 불행한 본인의 모습을 볼 때가 많습니다. 그러니 지금 누리는 행복이 영원하다고 생각해서도 안 되고, 지금 겪는 불행 역시 영원하다고 생각할 필요가 없습니다. 중국 애艾라는 지역의 변방지기 딸인 여희麗姬는 미모가 뛰어나 진나라의 왕을 수발하기 위해 궁궐에 들어가게 되었습니다. 처음 들어갈 때는 그토록 슬퍼서 울었지만 궐에서 행복한 나날을 지내면서 그때 울었던 것을 후회했다는 『장자』의 이야기가 있습니다. 인간사는 이와 같아서 행복과 불행이 동시에 존재하는 경우가 많습니다. 그러니 행복과 불행에 일희일비하지 않고 담담한 자세로 살아가는 것이 중요합니다.

王參政四留銘曰 留有餘不盡之巧하여 以還造物하고
留有餘不盡之祿하여 以還朝廷하고 留有餘不盡之財하여
以還百姓하고 留有餘不盡之福하여 以還子孫이니라.

왕참정의 「사류명」에 말하였다. 넉넉히 다 쓰지 않은 재주를 남겨 조물주에게 돌려주고, 넉넉히 다 쓰지 않은 지위를 남겨 조정의 후배들에게 돌려주고, 넉넉히 다 쓰지 않은 재물을 남겨 세상 사람들에게 돌려주며, 넉넉히 다 쓰지 않은 행복을 남겨 자손에게 돌려주어라.

「사류명」은 인생을 살면서 '남겨놓고 살아야 할 네 가지'를 당부하는 글입니다. 재주, 지위, 재물, 행복은 인간이라면 모두 원하는 것입니다. 그러나 모든 인간이 원하는 이 네 가지를 내가 독점하면 그 대가를 치르게 됩니다. 재주가 많은 사람은 제 꾀에 제가 넘어가는 경우가 있습니다. 나를 낮추고 재주를 아껴서 다른 사람의 재주도 인정받도록 하면 큰 탈이 없습니다. 지위도 독점하면 탈이 납니다. 여지를 남겨서 후배들이 공을 인정받게 하고 지위를 물려주는 것도 지혜로운 처신입니다. 돈 역시 내가 다 가지려 하면 탈이 나고, 행복도 혼자 누리려 하지 말고 자손을 위해 남겨놓아야 합니다. 부잣집 자손 중에 쪽박 차는 경우가 많다고 합니다. 그만큼 조상이 부를 다 누렸기에 후손이 누릴 부의 운이 그만큼 줄어들었다는 것이지요. 옛날 어른들은 밥그릇이나 반찬을 싹 비우지는 않으셨던 기억이 납니다. 남겨서 다른 사람이 먹을 수 있도록 배려했습니다. 이익을 독점하면 반드시 피해도 따르게 됩니다. 함께 나누고 남기는 평소의 습관이 위기를 관리하는 방법입니다.

<small>소 강 절 선 생 왈   한 거 신 물 설 무 방   재 설 무 방 변 유 방</small>
邵康節先生曰 閑居愼勿說無妨하라 纔說無妨便有妨이니라
<small>상 구 물 다 종 작 질   쾌 심 사 과 필 유 앙</small>
爽口物多終作疾이요 快心事過必有殃이라
<small>여 기 병 후 능 복 약   불 약 병 전 능 자 방</small>
與其病後能服藥으론 不若病前能自防이니라.

소강절 선생이 말하였다. 평상시 일이 없을 때 함부로 고민거리가 없다고 말하지 마라. 고민거리가 없다고 말하자마자 곧 생길 것이다. 입에 맛있는 음식도 많이 먹으면 병이 나고, 마음에 좋은 일도 지나치면 반드시 재앙이 있다. 병이 난 후에 약을 먹기보다는 병나기 전에 스스로 예방하는 것이 낫다.

예전에 갓난아이를 보고 예쁘다, 하면 할머니들이 그런 소리 하지 말라고 손사래를 치던 기억이 납니다. 예쁘다는 말을 귀신이 듣고 해코지를 한다는 것입니다. 나는 건강하다고 자신하는 사람은 반드시 병에 걸리고, 나는 아무 문제없다고 큰소리치던 사람에게 문제가 터집니다. 자신하고 교만할 때 위기가 찾아오는 법입니다. 즐거운 일이 많이 생기면 반대로 불행이 기다리고 있음을 염두에 두십시오. 『명심보감』은 위기가 결국 행복과 안정에서 시작된다고 말합니다. 건강을 자신할 때 병이 찾아오고, 행복에 취해 있을 때 불행이 성큼 다가오고, 평온에 안주할 때 균열이 시작된다면 그 위기를 막는 방법은 간단합니다. 행복과 건강과 평온함에 너무 기대지 말고 예측할 수 없는 미래를 늘 대비하는 것입니다.

蘇東坡曰 無故而得千金이면 不有大福이라 必有大禍니라.
소동파가 말하였다. 이유 없이 천금을 얻는다면 큰 복이 있는 것이 아니라 반드시 큰 재앙이 있다.

일확천금一攫千金, 갑작스러운 횡재橫財는 다가올 횡재橫災의 전

주곡입니다. 노력도 하지 않고 돈을 얻고 성공을 한다면 훗날 불행의 씨앗이 될 수 있습니다. '무고無故'는 '아무런 이유 없이'라는 뜻입니다. 노력도 없이 편하게 천금千金을 얻고는 감옥에 가는 사람이 많습니다. 권력을 이용해 돈을 벌고, 사기를 쳐서 성공을 하는 것이 당장은 큰 행복大福이라고 생각하지만 훗날 큰 재앙大禍이 되는 것이지요. 부동산값이 올라서 떼돈을 번 사람, 복권에 당첨되어서 엄청난 당첨금을 얻은 사람, 윗사람에게 아부를 잘해서 권력을 얻은 사람을 부러워할 필요가 없습니다. 그 때문에 더 큰 불행을 맞이할 위험도 언제나 함께하고 있기 때문입니다.

說苑曰 官怠於宦成하고 病加於小愈하며 禍生於懈惰하고
孝衰於妻子니 察此四者하여 愼終如始니라.

『설원』에 말하였다. 관직에 있는 사람은 지위가 높아지면서 게을러지고, 병은 조금 차도가 있으면서 심해지며, 재앙은 게으르고 타성에 젖으면서 발생하고, 효도는 처자식에 대한 집착 때문에 약해진다. 이 네 가지를 살펴서 끝까지 조심하기를 처음처럼 해야 한다.

위기가 찾아오는 이유는 한결같습니다. '이쯤이면 됐겠지? 늘 그런데 뭘 걱정해?' 이런 안이한 생각이 드는 순간 위기는 다가온다는 것입니다. 경제 위기는 안이하고 나태한 생각에서 시작됩니다. 설마, 하는 순간 위기는 어김없이 다가옵니다. 공직에 있는 사람이 승진하여 원하던 자리에 오르면 더 이상 긴장하지 않습니다. 긴장을 풀고 권력을 누리고 함부로 사용하는 순간 위기는 찾아옵니다. 병이 걸렸을 때는 누구나 조심하고 몸을 살핍니다. 그러나 조금 차도가 보이면 그때부터 다시 긴장감을 늦추고 건강을 해치는 일들에 관대해집니다. 나태함은 재앙을 부릅니다. 나태함과 안이함에 긴장이 풀리고 잠깐 방심하는 순간 큰 재앙이 터집니다. 효도하던 자식이 부모에게 소홀해지는 것은 처자식이 생기면서 부모에 대한 고마움을 잊게 되면서부터입니다. 위기라고 생각하고 조심하면 위기는 오지 않습니다. 위기라고 생각하지 않는 순간 진짜 위기가 다가옵니다.

자기 경영 自己經營
마음의 균형을 유지하는 방법

性理書云 見人之善이어든 而尋己之善하고 見人之惡이어든 而尋己之惡이니 如此라야 方是有益이니라.

『성리서』에 말하였다. 남의 선한 행동을 보면 나도 그런 선한 삶을 사는지 돌아보라. 남의 나쁜 행동을 보면 나도 그런 나쁜 행동을 하는지 돌아보라. 이렇게 사는 인생이 유익하다.

다른 사람의 장점을 시기하거나 질투하지 말고 자신도 그런 장점이 있는지 돌이켜보고, 남의 단점을 탓하기에 앞서 내게 그런 단점이 없는지를 고민하는 것이 진정 자기 관리를 잘하는 사람의 모습입니다. 인간은 늘 타자와의 관계 속에서 나를 고민하게 됩니다. 성공하는 사람들 중에는 늘 다른 사람의 장점을 모방하고 따라 하는 사람들이 많습니다. 친구의 정갈한 필체를 모방하고, 미인의 아름다운 패션을 부러워하고, 리더십 있는 지도자의 카리스마를 동경하며 자신의 부족한 점을 채우고 자신의 역량을 키워나갑니다.

『논어』에는 자신이 따라 할 수 있는 장점을 가진 사람이 아니라면 친구로 사귀지 말라는 경구가 있습니다. 내가 배울 점이 있는 친구를 늘 가까이하며 그의 장점을 내 삶에 반영한다면 나 또한 좀 더 나은 모습으로 거듭날 수 있다는 말입니다. 반대로 타인의 단점이나 악행은 늘 나를 돌아보는 계기가 되어야 합니다. 상대방의 악행을 비난하기 전에 나에게는 악행의 요소가 없는지 고민하며 사는 것이 잘 사는 인생입니다. 세상의 모든 사람은 나의 스승입니다. 세 사람이 길을 가면 나머지 두 사람이 스승이 된다는 말은 선한 자에게서 선행을 배우고, 악한 자에게서 악행을 경계하는 것을 배우기에 세상의 모든 사람은 나의 스승이 될 수 있다는 것입니다. 자기 경영의 시작은 주변 사람의 장점을 배우고, 주변 사람의 단점을 통해 내 단점을 제거해나가는 것으로부터 시작되어야 합니다. 내가 귀하고 잘났다고 상대방을 깔보고 무시한다면 자기 경영에 실패한 사람입니다.

太公曰 勿以貴己而賤人하고 勿以自大而蔑小하고

물 이 시 용 이 경 적
勿以恃勇而輕敵이니라.

태공이 말하였다. 내가 귀한 사람이라고 남을 무시하지 말고, 내가 크다고 해서 작은 사람을 업신여기지 말고, 나의 용맹을 믿고서 상대방을 가볍게 여기지 마라.

귀한 사람은 천한 사람을 무시하고, 큰 사람은 작은 사람을 멸시하고, 강한 자는 상대방을 우습게 여기는 것이 흔한 인간의 모습입니다. 그러나 귀한 자는 결국 보잘것없다고 생각했던 사람에 의해 쓰러지고, 큰 자가 무너지는 것은 작다고 멸시한 사람에 의해서입니다. 내가 하찮게 생각하고 아무 문제도 아니라고 생각했던 사람들이 나를 파멸로 이끌기도 합니다. 그러기에 늘 나를 낮추고 겸손해야 합니다.

우리나라 주식시장에 최초로 상장된 여행사의 대표를 만나 사업 성공의 비결을 물어본 적이 있습니다. 그분이 40년간 여행업을 하면서 가장 중요하게 생각한 덕목이 바로 겸손이라고 합니다. 겸손은 고객을 감동시키고 결국 나를 응원하게 만든다는 것입니다. 상대방이 작다고 무시한 결과는 큽니다. 큰 댐을 무너지게 하는 균열은 작은 구멍으로부터 시작됩니다.

독재 권력은 민중의 힘을 과소평가했을 때 한순간에 무너집니다. 대기업이 '갑'의 힘으로 을을 눌렀을 때 당장은 아무런 피해가 없는 듯해도 결국 '갑'은 몰락의 길을 걷게 됩니다. 내가 세다는 이유만으로 상식을 무시하고 원칙을 어긴 결과는 결국 파멸입니다. 하늘의 도는 교만한 자를 싫어하고, 땅의 도는 가득 찬 것을 싫어합니다. 세상은 강한 자들이 살아남는 것이 아니라, 자신을 낮추고 유연하게 진화한 존재만이 결국 살아남습니다. 강자가 되기도 어렵지만 그 강함에 의존하지 않고 강함을 비워야 진정한 강자입니다. 이기기도 어렵지만 그 승리를 내려놓기는 더욱 어렵다고 합니다. 지금의 승리를 유지하려면 늘 겸손한 자세를 지녀야 함을 잊지 말아야 합니다.

馬援曰 聞人之過失이어든 如聞父母之名하여
耳可得聞이언정 口不可言也니라.

마원이 말하였다. 남의 과실을 듣거든 부모의 이름을 듣는 것과 같이 하여 귀로는 들을지언정 입으로는 말하지 말 것이니라.

자기 경영에 실패하는 사람 중에 남의 단점을 이리저리 말을 옮기고 다니는 이들이 많습니다. 세상에 어떤 사람도 장점만 가지고 있진 않습니다. 장단점은 인간이 가지고 있는 동전의 양면 같은 것입니다. 그러니 상대방의 단점만 드러내 옮기고 다닌다면 그 사람은 제대로 평가받을 수 없습니다. 과거 사람들은 부모의 이름은 함부로 입에 올리지 말아야 한다고 생각했습니다. 부모님의 이름을 감히 이리저리 말하는 것은 불경의 극치라고 여겼습니다. 이렇듯 남의 단점을 보거나 들었더라도 부모의 이름을 들은 것처럼 하여 귀로는 어쩔 수 없이 듣지만 말로는 함부로 발설하지 않는 것이 원칙입니다. 없는 이야기도 만들어서 남에게 말하는 것이 팽배해 있는 요즘, 남의 단점을 함부로 옮기지 않는 이가 진정 자기 경영을 제대로 하는 사람입니다. 어떤 사람은 이렇게 말합니다. '세상에서 가장 재미있는 일이 남 얘기를 하는 것'이라고. 며느리가 시어머니의 단점을 친구들과 이야기하고, 시어머니가 며느리의 단점을 친구들에게 말하고 다닌다면 아름다운 고부 관계가 유지될 리 없습니다. 나는 오늘 내 친구의 단점을 남에게 말하지는 않았는가? 나와 상관없는 사람의 잘못을 이리저리 근거도 없이 떠벌리고 있지는 않은가? 늘 돌아보며 성찰해야 할 항목입니다.

道吾善者는 是吾賊이요 道吾惡者는 是吾師니라.
(내 앞에서) 나의 장점만 말하는 사람은 나를 해치는 사람이요, 나의 단점을 말하는 사람은 나의 스승이다.

만나면 오로지 나를 칭찬해주고 나의 장점만을 말해주는 사람이라면 당연히 그 사람에게 좋은 감정이 들 수밖에 없습니다. 반면 나에게 충고를 하고 단점을 지적하는 사람은 아무리 그 말이 옳더라도 무의식적으로 혹은 의식적으로 피하게 됩니다. 인간은 달콤한 말은 쉽게 받아들이고, 쓴 말에는 거부 반응을 일으키는 경향이 있기 때문입니다. 그러나 오히려 나에게 쓴소리를 하는 사람이 진정 나를 위하는 사람일 수 있고, 내 앞에서 달콤한 소리를 하는 사람이 나를 해치려는 사람일 수도 있습니다. 그런데 『논어』에는 충고를 너무 자주 하게 되면 친구 사이가 소원해진다는 말이 있습니다. 상대방을 위한 충고라도 자주 한다면 듣기 싫은 잔소리가 되고 결국 그 사람과의 관계가 단절된다는 것입니다. 충고는 어렵지만 필요합니다. 그러나 상대방이 충고를 받아들일 자세가 되어 있지 않다면 자제하는 것 또한 그를 위한 길일 것입니다. 상대방이 받아들이지 않는 충고는 결국 허공 속에 메아리로 남을 뿐입니다.

邵康節先生曰 聞人之謗이라도 未嘗怒하며 聞人之譽라도 未嘗喜하며

소강절 선생이 말하였다. 남이 나를 험담하는 소리를 들어도 즉시 성내는 일이 없어야 할 것이며, 남이 나를 칭찬하는 소리를 들더라도 즉시 기뻐하는 일이 없어야 할 것이다.

<small>문인지악   미상화   문인지선   즉취이화지</small>
聞人之惡이라도 未嘗和하며 聞人之善이면 則就而和之하고
<small>우종이희지</small>
又從而喜之니라

남의 좋지 못한 소문을 듣더라도 즉시 동조해서는 안 될 것이며, 남의 좋은 소식을 듣거든 곧 다가가서 함께 기뻐해야 한다.

<small>기시왈   낙견선인   낙문선사   낙도선언</small>
其詩曰 樂見善人하며 樂聞善事하며 樂道善言하며
<small>낙행선의</small>
樂行善意하고

그와 관련된 시에 말하기를, 좋은 사람 만나기를 즐기며, 좋은 일 듣기를 즐기며, 좋은 말하기를 즐기며, 좋은 뜻 행하기를 즐거라.

<small>문인지악   여부망자   문인지선</small>
聞人之惡이어든 如負芒刺하고 聞人之善이어든
<small>여패난혜</small>
如佩蘭蕙니라.

남의 단점을 듣거든 가시를 내 등에 진 것같이 여기고, 남의 장점을 듣거든 난초를 몸에 지닌 것같이 아끼고 사랑하라.

세상에서 가장 행복한 일은 무엇일까요? 좋아하는 음식을 먹거나 경치가 훌륭한 곳을 여행하는 것도 행복한 일이고, 사회적으로 높은 지위에 오르거나 부자가 되는 것도 행복한 일입니다. 그러나 아무리 맛있는 음식도 많이 먹으면 질리고, 아무리 좋은 곳도 오래 머물면 집 생각이 간절해집니다. 부와 권력은 그야말로 하룻밤

꿈처럼 스쳐가는 바람 같아서 잠깐의 만족과 행복을 줄지언정 본질적인 행복과 만족감을 주지는 못합니다. 좋은 사람을 만나 아름다운 관계를 맺는 기쁨, 남의 행복을 함께 즐거워하는 기쁨, 따뜻한 말로 주변과 화해하며 사는 행복, 선행을 베풀어 힘들고 어려운 사람을 구제하는 즐거움, 비록 소소하지만 진한 행복을 느끼게 하는 일들입니다.

남의 칭찬과 비난에 일희일비하고, 다른 사람의 행복과 불행에 질투와 쾌감을 느끼며 사는 인생은 불행할 수밖에 없습니다. 남의 한마디에 자기 인생의 행복과 불행이 나뉘고, 남의 불행에 신경 쓰며 사는 일이 내 인생에 무슨 도움이 되겠습니까? 불행과 슬픔이 비켜갈 수 없는 인생의 장벽이라면 그 슬픔과 불행 속에서 나의 의미를 찾으면 됩니다. 산이 바람을 만나면 비록 나무가 흔들리고 열매가 떨어지지만 그 떨어진 열매는 땅속에서 또 다른 생명을 잉태하여 새로운 나무가 될 준비를 하는 것과 마찬가지입니다.

孫眞人養生銘云 怒甚偏傷氣요 思多太損神이라
<small>손 진 인 양 생 명 운　노 심 편 상 기　　사 다 태 손 신</small>

손진인의 『양생명』에 이르기를, 분노가 심하면 한쪽으로 치우쳐 내 기운이 손상되고, 생각이 많으면 내 정신을 크게 손상시킨다.

神疲心易役이요 氣弱病相因이라
<small>신 피 심 이 역　　　기 약 병 상 인</small>

정신이 피로해지면 마음이 흔들리기 쉽고, 기운이 약해지면 병이 꼬리를 물고 일어난다.

^{물 사 비 환 극}　　　^{당 령 음 식 균}　　　^{재 삼 방 야 취}
勿使悲歡極하고 **當令飮食均**하며 **再三防夜醉**하고
^{제 일 계 신 진}
第一戒晨嗔하라.

지나치게 슬퍼하거나 기뻐하지 말 것이며, 음식을 균형 있게 먹고, 밤에 취하는 것을 거듭 막아야 하고, 무엇보다도 새벽에 일어나는 분노를 경계하라.

『장자』의 「양생주養生主」편에는 소의 본성과 특성을 파악하여 소를 잘 해체하는 포정庖丁의 이야기가 나옵니다. 그는 소를 해체함에 있어 뼈와 근육과 힘줄 사이에 칼을 지나게 하여 단 한 번의 상처도 없이 소를 잡는 백정으로 유명합니다. 그의 소를 잡는 기술道은 본성을 인정하는 것입니다. 무리하게 갈등과 분열을 부르지 않고 있는 그대로의 모습을 인정하며 그 안에서 가장 자연스러운 방법을 찾아내는 것이 진정 양생의 비법이라고 강조합니다.

분노는 인간의 자연스러운 감정이지만 그 감정이 지나치면 내 안에 있는 에너지에 상처를 입힙니다. 인간의 에너지에 상처가 나면 그 틈으로 병이 들어와 깃들게 되고, 결국 큰 병으로 번지게 됩니다. 큰 병의 기원은 마음의 분노입니다. 감정선이 신체의 선들

을 흐트러뜨리는 것입니다. 희로애락의 감정을 적절히 조절하는 것이 양생의 비법이므로 감정이 과해지거나 억눌리는 것을 지양해야 합니다. 그와 더불어 음식의 균형 있는 섭취, 적절한 음주 등은 인간의 생을 잘 보존하는 양생의 비법들입니다. 핵심은 균형 잡힌 삶입니다. 감정과 습관의 중용적 삶의 태도는 인생을 보존하고 최적의 상태로 유지하는 기본입니다. 하루에도 감정이 수십 번씩 극과 극을 달리는 시대에서 내 감정을 적절하게 제어할 수 있는 지혜는 꼭 필요합니다.

定^정心^심應^응物^물하면 雖^수不^부讀^독書^서라도 可^가以^이爲^위有^유德^덕君^군子^자니라.

마음을 안정하여 사물에 대응하면, 비록 글을 읽지 않았더라도 덕이 있는 군자라 할 것이다.

대나무에 매달린 깃발이 휘날리는 것은 바람이 흔드는 것도, 대나무가 흔들리는 것도 아니고 마음이 흔들리는 것이란 불교의 화두가 있습니다. 세상의 근본은 마음입니다. 마음이 불안하면 만나는 모든 존재가 나의 적이 되고, 마음이 안정되면 만나는 모든 존재는 나의 동반자가 됩니다. 마음이 흔들려 공포와 두려움, 걱정과 염려가 나를 감싸면 존재는 흔들릴 수밖에 없습니다. 책을 아무리 많이 읽은 사람이라도, 아무리 좋은 사회적 조건을 갖춘 사람이라도 마음이 안정되어 있지 않다면 그는 군자의 삶이 아니라 소인의 삶을 살 것입니다. 마음心을 안정定시키고 사물物에 응대應하라는 것이 정심定心과 응물應物입니다.

　마음이 단단하면 삶도 단단해집니다. 우리는 일어나지 않을 일에 미리부터 걱정을 하고, 벌어지지도 않은 일에 가슴을 졸이며 삽니다. 잠자리는 불안하고, 사람들과 늘 부딪치며 살아갑니다. 높은 지위에 오르고 남들이 생각하는 성공을 이룬 사람이라도 마음을 단단히 붙잡아 매고 사는 것은 쉽지 않습니다. 『대학』에는 '마음에 있지 않으면 보아도 보이지 않고, 들어도 들리지 않으며, 먹어도 그 맛을 모른다'는 구절이 있습니다. 결국 마음이야말로 감각의 근원이며, 존재의 시작입니다. 지식이 많다고 해서 군자가 아니며, 명문 학교 졸업장이 있다고 해서 존경받는 사람이 되는 것은 아닙니다. 어쩌면 공부는 짧지만 마음을 마음으로 움직일 줄 알고, 늘 평온한 상태로 세상을 맞이하는 사람이 훨씬 차원 높은 삶을 살아간다고 할 수 있습니다. 고시에 합격하고 외국 유학을 한 소위 '엘리트'라고 불리는 사람이 한순간의 잘못된 선택으로 삶이 뒤틀리는 것은 지식이 적어서가 아니라 지혜가 부족한 까닭입니다. 지혜는 책을 통해 얻어지는 것이 아니라 마음을 통해 얻어지는 고차원적인 인간의 가치입니다.

太公曰 瓜田에 不納履하고 李下에 不整冠이니라.

태공이 말하였다. 오이밭에서 신을 고쳐 신지 않고, 자두나무 아래에서는 갓을 고쳐 쓰지 않는다.

자기 경영의 중요한 원칙 중에 하나가 다른 사람의 오해를 살 만한 행동을 해서는 안 된다는 것입니다. 남의 오이밭에 가서 신발 끈을 고쳐 맨다면 남에게 오이를 딴다는 오해를 받을 것이고, 남의 자두나무 아래에 가서 모자를 만지면 남에게 자두를 딴다는 오해를 받을 것이니, 남이 오해 살 만한 일은 애초부터 하지 말라는 것입니다. 나는 결백하다고 주장하지만 쓸데없이 다른 사람의 오해를 불러일으키는 행동을 하면 그 결과는 좋을 수 없습니다. 남이 나를 아무런 증거 없이 오해한다고 불평하지 말고 애초부터 오해를 살 만한 일을 하지 않아야 현명한 태도일 것입니다.

특히 공직자들은 업무나 이권과 관련 있는 사람을 만날 때 심사숙고해야 합니다. 아무리 이권과 관련 없이 만나서 식사를 하였다 하더라도 그 만남 자체가 오해를 부를 수 있습니다. 인생을 살면서 하루아침에 모든 것이 허망하게 무너지는 계기 중 하나는 부정과 유혹에 흔들리는 것입니다. 이런 유혹에서 자유롭기 위해서는 처음부터 유혹의 빌미를 주지 않아야 합니다. 나중에 아무리 아무 일 없다고 주장해보았자 안타깝지만, 모든 잘못은 자신에게 있는 것입니다.

景行錄曰 心可逸이언정 形不可不勞요

『경행록』에 말하였다. 마음은 편안히 먹더라도 내 육체는 수고롭지 않아서는 안 된다.

道可樂이언정 身不可不憂니

내 삶의 도는 즐길 수 있을지언정 내 몸은 근심하지 않아서는 안 된다.

形不勞則怠惰易弊하고 身不憂則荒淫不定이라

내 육체가 수고롭지 않으면 태만하고 게을러서 망가지기 쉽고, 내 몸이 근심하지 않으면 음란함에 빠져 안정되지 못할 것이다.

故로 逸生於勞而常休하고 樂生於憂而無厭하나니
逸樂者는 憂勞를 其可忘乎아.

그러므로 편안함은 수고로움에서 생겨 항상 기쁘고 즐거움은 근심에서 생겨 싫증이 없나니, 편안하고 즐거워하는 사람은 근심과 수고로움을 어찌 잊을 수 있겠는가.

'열심히 일한 당신 떠나라!' 유명한 카피입니다. 열심히 일한 사람에게 잠깐의 휴식과 휴가는 그야말로 꿀맛입니다. 휴식은 열심히 일한 사람에게는 단잠과 같지만 매일 하는 일 없이 노는 사람에게는 일상 이상도 이하도 아닙니다. 마음이 편안하고 안정되기 위해서는 육체가 쉼 없이 노력해야 하고, 인생의 진정한 행복을 얻기 위해서는 끊임없는 사유와 성찰이 필요합니다. 육체가 게으르고, 정신 활동이 중지되면 몸은 무너지고 음란함에 빠져 황폐해집니다. 안락함은 육체적 수고를 기반으로 하기에 더욱 달콤하고, 즐거움은 나에 대한 성찰에서 오기에 싫증나지 않습니다. 행복과 안락함은 고통과 어려움 속에 얻을 수 있는 진주입니다. 고통과 수고 없이 얻어지는 행복과 즐거움은 시간이 지나면 결국 쾌락과 염증으로 끝나는 경우가 많습니다. 직장에 다닐 때는 하루의 휴일이 그렇게 반가울 수가 없습니다. 그러나 퇴직하고 매일 쉬라고 하면 그것만큼 고역도 없다고 합니다. 그래서 공자는 '아무 일도 하지 않고 하루를 보내느니 차라리 장기나 바둑을 두라'고 권합니다. 아무 일 없이 하루를 보내는 것은 딱하고 의미 없는 인생이라는 말이지요.

안빈낙도 安貧樂道
만족할 줄 아는 즐거운 인생

景行錄云 知足可樂이요 務貪則憂니라.

『경행록』에 말하였다. 만족할 줄 알면 인생이 즐거울 것이요, 탐욕에 힘쓰면 평생 근심한다.

비록 가진 것은 없어도 마음만은 편안하게 사는 인생을 안빈낙도安貧樂道의 삶이라고 합니다. 누군들 가난이 좋겠습니까? 그러나 아무리 으리으리한 집에서 진귀한 음식을 먹더라도 마음이 편안하지 않으면 행복을 느끼지 못합니다. 비록 남들이 보기에는 가난하다고 하지만 '내 인생'에 집중하고 즐기며 사는 것이 참된 행복입니다. 물론 돈도 있고, 마음도 편안하면 제일 좋겠지요. 그러나 가진 것이 많아져도 인간의 욕심은 끝이 없습니다. 구백만 원이 있는 사람은 백만 원만 더 가지기를 바라고, 구억을 가진 사람은 일억만 더 있으면 행복하겠다고 생각하는 게 인간의 마음입니다. 끝없는 욕심은 불만족과 불행을 가져다주고, 그 사람은 실제 가진 것이 많아도 늘 불만과 근심으로 가득 찰 수밖에 없습니다. 반면 내가 지금 행복하다고 생각하는 사람의 인생은 즐거움으로 가득 차 있습니다. 병치레 없이 건강한 지금의 내가 감사하고, 내가 사는 곳이 가장 편안하고, 내가 입고 있는 옷이 세상에서 가장 아름답고, 내가 먹는 음식이 세상에서 가장 맛있고, 내가 누리는 일상의 소중함을 느낄 줄 아는 사람은 행복합니다. 행복은 더 많이 소유하는 데 있는 것이 아니라 지금의 만족을 인정하고 그 만족을 즐길 때 다가옵니다. 만족足을 알면知 늘 즐거울樂 수 있다可는 생각이 바로 행복으로 가는 지름길입니다. 지족知足의 인생관은 우리 조상들이 터득한 삶의 지혜였습니다. 내가 가진 것 이상을 무리해서 가지려 하고, 해서는 안 될 행동을 하면 결국 정신적인 고통을 겪고 인생의 고비를 만나게 됩니다.

濫想은 徒傷神이요 妄動은 反致禍니라.
생각을 너무 많이 하면 도리어 정신을 해치고, 함부로 한 행동은 재앙을 부른다.

생각想도 너무 많거나 넘치면濫 정신神에 상처傷가 됩니다. 생각의 갈래는 여러 가지입니다. 돈을 벌고자 하는 현실적인 고민에서부터 사랑하는 사람에 대한 복잡미묘한 감정까지 인간은 늘 생각을 하며 살아갑니다. 어떻게 하면 더 많은 돈을 벌 수 있을까? 어떻게 하면 상대방의 마음을 얻을 수 있을까? 일상적으로 하는 자잘한 생각이 지나쳐서 집착이 되면 결국 우울증이나 과대망상증 같은 정신병을 앓게 됩니다. 행동하기 전에 생각은 반드시 필요하지만 정도가 지나치면 정신이 흔들리게 됩니다. 때로는 생각을 잠시 멈추고 기다리는 일도 답이 될 수 있습니다. 떨쳐버릴 수 없는 번뇌에 차 있다면 머리보다는 몸을 움직이는 쪽이 훨씬 낫습니다. 산에 오른다거나, 춤을 한바탕 춘다거나, 고된 일을 하는 것이 오히려 정신을 치유하는 방법입니다. 정신 활동을 정지시키고 몸을 끊임없이 움직임으로써 생각의 범람을 막는 것은 내 몸과 마음을 온전히 보존해줍니다. 마치 불어난 강물이 마을을 쓸어가듯이 넘치는濫 생각想은 내 정신과 육체를 휩쓸어가버립니다. 과도한 생각에 빠져 허덕이기보다는 몸을 부지런히 움직여서 생각이 나오는 내 안의 모든 문을 걸어 잠그는 것이 정신을 보존하는 비결이라 하겠습니다.

지족상족　　　종신불욕　　　지지상지　　　종신무치
知足常足이면 終身不辱하고 知止常止면 終身無恥니라.

만족할 줄 알고 늘 만족스러워하면 종신토록 욕되지 아니하고, 그칠 줄을 알아 늘 그치면 종신토록 부끄러움이 없을 것이다.

지족知足은 명심보감의 중요한 화두입니다. 만족을 아는 일은 결국 행복의 근원을 아는 일입니다. 내가 가진 것을 남과 비교하지 않고, 그 안에서 나의 행복을 찾아낼 수 있다면 진정 행복한 삶입니다. 차가 달리다가 빨간불을 만나면 브레이크를 밟아야 사고가 나지 않습니다. 그러지 못한다면 큰 사고를 당하게 됩니다. 인간도 항상 멈추고 그쳐야 할 곳을 알아야 합니다. 아무리 건강했던 사람이라도 건강에 적신호가 켜지면 모든 일을 멈추고 건강에 집중해야 합니다. 건강뿐만 아니라, 모든 일에서 그만두어야 할 시점을 알고 제때 멈춘다면 큰 어려움 없이 생을 마칠 수 있습니다. 옛날에 어머니들이 아이가 만져서 안 될 것을 만지면 '지지!'라고 외친 것이 '그칠止 줄 알아야知 한다'는 지지知止가 아니었을까요? 인간의 욕망은 끝이 없습니다. 주변을 둘러보면 돈이 없는 사람보다 돈이 많은 사람이 더욱 치열하게 싸웁니다. 부모에게 물려받은 재산이 많을수록 자식들은 서로 한 푼이라도 더 가지려 싸웁니다. 심지어 법정까지 가서 재산 싸움하는 것을 보면 참으로 만족을 모르고 그쳐야 할 때를 모른다는 생각이 듭니다. 내 그릇으로 보아서 이만하면 충분하다고 생각하면 주저 없이 브레이크를 잡는 것이 지혜로운 삶입니다. 권력과 부, 명예와 칭찬, 이런 것들에 대한 욕심은 한이 없습니다. 그런 의미에서 '지지!' 인생을 살면서 수백 번 마음으로 외쳐야 할 단어입니다.

　　　　　서 왈 만 초 손　　　　겸 수 익
書曰 滿招損하고 謙受益이니라!
『서경』에 말하였다. 가득 차면 오히려 손해를 부를 것이고, 겸손하면 이익을 얻을 것이다.

가득滿 차면 결국 넘치고, 넘치면 손해損를 부르게招 됩니다. 달도 차면 반드시 기울고, 물병도 가득 차면 결국 넘치게 됩니다. 세상에 어떤 것도 가득 차서 좋을 것이 없습니다. 가득 찼다는 말은 비울 일만 남았다는 뜻입니다. 우리 집 곳간에 쌀이 가득 차면 주변 사람들의 원망이 일게 되고, 재주가 뛰어나면 그 재주에 반드시 넘어지게 됩니다. 세상에 완전함은 없습니다. 조금 모자란 것이 완전히 가득 찬 것보다 아름답습니다. 위장도 가득 찬 것보다 약간 비워져 있어야 속이 편안합니다. 그런데 사람들은 가득 채우려고 욕심을 냅니다. 어느 지방에서는 원숭이를 사냥할 때 조롱박에 구멍을 내고 안에 곡식을 넣어둔다고 합니다. 좁은 구멍에 손을 넣은 원숭이는 곡식을 잔뜩 쥐고 손을 빼내려 하지만 구멍에 손이 걸려 뺄 수가 없습니다. 손에 있는 것을 놓아야 구멍에서 손을 뺄 수가 있는 것입니다. 『주역』에는 '지산겸地山謙' 괘가 있습니다. 높은 산山이 자신을 낮추고 땅地 밑에 처하니 겸손謙遜하다는 뜻입니다. 높은 자가 겸손하면 자리는 더욱 높아지고, 강한 자가 낮추면 힘은 더욱 강해집니다. 군림할 수 있는 자가 아랫사람을 섬기면 더욱 존경을 받게 됩니다. 낮춤과 섬김, 비움과 겸손, 인생의 긴 여정에서 늘 고민해야 할 문제들입니다.

擊_격壤_양試_시曰_왈 安_안分_분身_신無_무辱_욕이요 知_지幾_기心_심自_자閑_한이니 雖_수居_거人_인世_세上_상이나 却_각是_시出_출人_인間_간이니라.

『격양시』에 말하였다. 분수에 편안하면 내 몸에 평생 욕됨이 없을 것이요, 일의 기미를 알고 처신하면 마음이 저절로 한가할 것이다. 그런 사람은 비록 인간 세상에 살더라도 도리어 인간 세상을 벗어나 살고 있다.

명심보감에 자주 언급되는 말 중 하나가 '분수를 알라'입니다. 옛날 밥상머리에서 어머니는 늘 분수를 알아야 한다고 입버릇처럼 말씀하셨습니다. 분수를 모르고 살면 결국 화를 만난다는 경고는 우리들이 귀에 못이 박이도록 듣던 말이었습니다. 분分은 한계와 운명을 말합니다. 지금 나에게 주어진 몫을 잘 알고 행동하면 욕되지 않게 살 수 있습니다. 세상의 일은 갑자기 일어나지 않습니다. 일이 터지기 전에 반드시 전조가 있습니다. 그 전조前兆가

기미幾微입니다. 기미를 잘 알고 조심하면 욕된 일을 미연에 방지할 수 있습니다. 우리가 사는 인간 세상 곳곳에는 암초가 널려 있습니다. 그 암초에 한 번 부딪히면 인생이 망가지기도 하고 깊은 상처를 입기도 합니다. 배를 모는 항해사가 철저하게 암초를 살피며 배를 몰듯이 인간도 자신에게 상처를 입힐 수 있는 인생의 암초를 미리 피하려면 기미를 잘 살펴야 합니다. 건강은 나빠지기 전에 반드시 기미를 보이고, 운세가 기울기 전에도 반드시 전조가 있습니다. 내가 처한 분수를 알고, 일이 터지기 전에 기미를 알고 대처하는 삶은 어쩌면 인간 세상에 살고 있지만 인간 세상을 초월한 신선의 세계에 사는 것과 같습니다. 신선이 저 멀리 따로 있는 것이 아니라, 지혜롭게 사는 인생이 바로 신선입니다.

나가며 한마디

  오랫동안 우리 민족의 정신과 몸을 지켜주는 두 권의 보감寶鑑이 있었습니다. 『동의보감東醫寶鑑』이 그 하나이고, 다른 하나가 바로 『명심보감明心寶鑑』입니다. 허준 선생께서 우리 민족의 체질에 맞는 의학 처방전을 우리 강토에서 나는 약재를 중심으로 편집한 『동의보감』은, 유네스코에 세계기록유산으로 등재될 만큼 처방의 창조성이나 가치가 뛰어난 책입니다. 『명심보감』은 중국 명나라의 범립본范立本이 지은 책이 원본으로, 거기서 고려 말 예문관 대제학을 지내신 추적秋適 선생이 삶의 본보기로 삼을 귀한 글귀들을 가려뽑아 편집하였습니다. 우리 민족의 보배인 이 두 '보감'은 여러 글을 집대성한 책이라는 공통점이 있습니다. 집대성集大成은 여러 자료들을 모아集 새로운 시각과 안목으로 완성成했다는 뜻입니다. 창조創造도 힘들지만 집성集成 역시 몹시 어려운 작업입니다. 애플의 창업자 스티브 잡스는 창조자Creator라기보다 집성자Displayer로서 자신의 정체성을 규정하고 있습니다. 세상에 존재하는 여러 가지를 자신만의 시각에 따라 그 시대에 가장 적합한 형태로 모아내고 재배치하는 것은 어쩌면 위대한 창조의 과정일 것입니다. 우리 조상들은 몸이 아프면 『동의보감』을 펼쳐서 그 처방전에 따라 자신의 몸을 치료하였습니다. 또한 영혼이 지치고 힘들 때는 『명심보감』을 펼쳐 그 안에 쓰인 마음의 처방전에 따라 상처 난 정신을 치료하고 예방했습니다. 이 시대, 현대인들의 지치고 힘든 영혼을 깨우는 처방전을 『명심보감』에서 찾아보려 합니다. 고려시대 이후 오백 년 이상 우리 민족의 영혼을 지켜주었던 『명심보감』을 현대의 시각에서 새롭게 단장해보았습니다.

    어려서 『명심보감』을 읽는 일은 우리 민족에게 너무나 당연한 인성 교육의 시작이었습니다. 『명심보감』 외에 『동몽선습童蒙先習』이나 『격몽요결擊蒙要訣』 같은 인성 교과서도 있었으나, 가장 많이 읽힌 인성 교육 교과서는 다름 아닌 『명심보감』이었습니다. 『명심보감』은 우리 민족의 인문학적 유전자를 형성하는 데 중요한 역할을 했으며, 우리 가치관의 근간이 되었습니다. 여러 매체를 통해 소개되기도 했지만, 이 책을 기초 교재로 강의를 할 때마다 시대적인 간극에서 오는 차이가 아쉬웠습니다. 변화하는 시대에 걸맞은 새로운 『명심보감』의 탄생이 절실했습니다. 이에 널리 전해지던 초략본 19편을 26편으로 늘리고 이것을 크게 '나' '관계' '세상'의 키워드로 분류해 총 3장으로 구성하였습니다. 지금의 가치관에 맞지 않는 항목들은 과감하게 빼버리고, 이 시대에 필요하다 판단되는 내용들은 고전에서 선별해서 추가했습니다. 물론 『명심보감』의 큰 틀은 유지하며 창신創新했음을 밝혀두고 싶습니다.

  이 책을 쓰려고 처음 마음먹은 것은 벌써 이십 년 전이었습니다. 어쩌면 가장 쉽다고 생각할 수 있는 책이기에 그만큼 더 어려운 작업이기도 하였습니다. 『한비자韓非子』에 '세상에서 가장 그리기 쉬운 것이 귀신이고, 가장 그리기 어려운 것이 개'라는 말이 있습니다. 귀신은 아무도 본 사람이 없기에 어떻게 그려도 아무 말이 없지만, 개는 누구나 아는 동물이기에 제일 그리기 어렵다는 것입니다. 『명심보감』은 너무나 유명해서, 누구나 한 번쯤은 보았거나 보지 않고도 본 것 같은 책이기에 가장 어려운 작업이기도 했습니다. 이 책이 만들어지기까지 많은 세월이 흘렀고, 그사이 적지 않은 내용들이 지금의 눈으로 보면 완전히 달리 보이기도 합니다. 세월이 지나고 나이를 먹으면 결국 생각의 양과 질도 많이 바뀌는 것 같습니다. 이 책이 완성되기까지 큰 인내를 가지고 기다려주신 정중모 사장님께 감사드립니다. 한학을 통해 세상을 보는 눈을 갖게 해주신 조상들의 은혜 역시 소중합니다. 이 책이 지치고 힘든 이 시대 우리의 영혼을 흔들어 깨우는 데 조그만 일조가 된다면 큰 행복일 듯합니다.

석천石泉이 쓰다

**마음공부
명심보감**

초판 1쇄 발행 2017년 6월 23일
초판 6쇄 발행 2023년 8월 1일

지은이 박재희

펴낸이 정중모
펴낸곳 도서출판 열림원
출판등록 1980년 5월 19일(제406-2000-000204호)
주소 경기도 파주시 회동길 152
전화 031-955-0700
팩스 031-955-0661

홈페이지 www.yolimwon.com
이메일 editor@yolimwon.com
인스타그램 @yolimwon

ISBN 978-89-7063-840-9 13150

* 이 책의 판권은 저자와 도서출판 열림원에 있습니다.
  이 책 내용의 전부 또는 일부를 재사용하려면 양측의 서면 동의를 받아야 합니다.
* 이 도서의 국립중앙도서관 출판예정도서목록(CIP)은 서지정보유통지원시스템(seoji.nl.go.kr)과
  국가자료공동목록시스템(nl.go.kr/kolisnet)에서 이용하실 수 있습니다.
  (CIP제어번호: CIP2017001862)
* 책값은 뒤표지에 있습니다. 잘못된 책은 구입하신 곳에서 교환해드립니다.

만든 이들_ 기획 편집 심소영 디자인 이승욱 최정윤